以史为鉴之百家姓

王宇红　张海彤／主编
姚　刚／插图

漓江出版社

参加编写的还有彭明俊（《汉字之美》）、周杰（《这厢有礼》）、赵宜婉（《这厢有礼》），一并感谢。

感谢孙左满先生为这厢有礼之《弟子规》提供插画。

“阐扬国故、复兴国学”才刚起步

《大私塾教养阶进丛书》的编辑及出版计划，始于2009年。当时，张海彤女士跟我谈到想编一套适用于少年儿童学习的国学教材。我当时也泛览过一些市面上的各种国学读本，总觉得一上来就是整套的《三字经》《千家诗》《增广贤文》等等，其实对于小孩子学习来说，未必有效。我想除了极少数特别聪明，而且对中国传统文化特别有兴趣的小孩子以外，大多数小孩子照这样子学所谓国学，很可能从一开始就要“逃之夭夭”了。今人每妄言无忌：古文字学者说自己从四五岁时就随父师习《说文解字》；文学家则说自己是自幼过目成诵、下笔千言不能自已；经学家会说自己不但能背四书五经，而且能背注疏；讲学家则说自己从小入私塾，熟读经史百家等等，这些当然都是一些市场营销的手段，与事实相去甚远。

其实古人学文史，也不是这样整本整套的死记硬背，而是各随自己的兴趣，并且是循序渐进地一点一点开始的。远的不说，看清人自撰的年谱就会发现，很多大学者也都是五、六岁开始识字，一点儿不比我们早；七八岁开始读一些唐诗宋词，开始学习四书，那是要应付将来的科举考试，挣个文凭出身；再大一些学些古文名篇，十四五岁时才真正开始读《诗经》、《易经》、三礼、《春秋》三传等。其实这些读书的步骤与少儿的心智发展都是相对应的。再往近里说，饶宗颐、钱锺书先生堪称大师级的了，他们也的确早慧而有过人之能：饶先生18岁时已经接续其父完成了《潮州艺文志》；钱锺书先生也在不到20岁的时候，替自己的父亲钱基博教授捉刀，为钱穆的《国学概论》作序。这些当代的国学大师级的学者固然聪明过人，但也都是绩学所致，也都没有当今热衷于营销的名家们那样“早慧”和“颖异”。

所以，当海彤说起编一套少儿国学教材时，我倒是想到可以试着按照前人的读书次序编一套分门别类、循序渐进的国学教材。小孩子们可以根据自己的兴趣所在，由浅到深、从易到难地修习国学的精华。

现在好像整个社会都有一种国学复兴的架势，盛况空前。但其盛只是盛在人数众多、声势唬人上，真正要如章太炎先生说的“阐扬国故，复兴国学”，以及胡适先生所提倡的用科学的方法“整理国故之学”，还有相当的路要走。

即以国学的基本教育而言，目前海内外国学院之成立如雨后春笋，却鲜有一套自小学至高中的国学教材，供老师教学、父母教子女之用。容或有这种教材，也是不做公开发行的内部参阅本，得益者甚寡。这套丛书的出版或可弥补这一缺憾。

陳致

香港浸会大学文学院院长

饶宗颐国学院院长

让经典入住心灵，从容面对未来

《易传》云：“蒙以养正，圣功也。”启蒙教育是造就个人纯正品质的关键，关系到个人能否顺利成长，长成什么样，所以，它是最为神圣的事。高度重视蒙学，是中国文化的精髓之一。

启蒙教育是很专业的事，不能要求每一位家长和幼教老师都是专家，所以，蒙学教材就变得非常重要。明代哲学家王守仁指出，对儿童的教育不应只限于知识，还应引导其行为；既要适应儿童的天性，也要用“善”和“礼”来约束他。也就是说，好的蒙学教材，一要知行并重，二要生动活泼。这是个简单的道理，却是个极高的标准，能真正做到、做得好，并不容易。

经过历史汰择而流传至今的古典蒙学读物，是传统文化馈赠给我们的瑰宝。让孩子学习《弟子规》之类的蒙学教材，可以接受正宗的儒家教育，养成方正的人格。而蕴含于诸子、史书中的思想和智慧，能体现古典修养的诗书画，都是民族文化的精华。学习这些古典知识和艺术，除了完善自己的素质之外，还能感受古人之情怀，在骨子里留下一缕典雅醇正的古典气质。对孩子来说，从古典文化启蒙，必将终身受益。

《三字经》《弟子规》《百家姓》等是公认的优秀蒙学读物，但时过境迁，一则语言难懂，二则内容不尽合于时宜，三则需要启发示例，这就都需要对这些传统蒙书进行再加工，使之体现现代意义上的知行并重和生动活泼；其他历史故事或文学艺术启蒙教材，也要按照这两个标准编写，使之能够同时切合于古典的内容和现代教育。这些都是很难的事。

大私塾知行学馆的专家们，有强烈的文化使命感和爱心，也有很好的专业素质和蒙学经验，在他们和出版社的共同努力下，这套教材无论在内容，还是在形式上，都有上佳的呈现，非常实用。值得一提的是，这套教材的设计，还体现了大私塾亲子教育的理念。亲子教育，适应孩子的心智和情感，同时也能使父母有所感悟，并通过自己对古典文化和行为准则的思考，帮助孩子提升。父母和子女在启蒙教育中共同成长，这对两代人来说，都是弥足珍贵的人生体验。

学校传授的现代知识，可以帮助孩子很好地应对现代社会。但在漫长的人生旅程中，大部分时间要面对的是自己、家人，要面对的是习俗、传统等各种文化情境，所以，传统文化和古典修养，对于每一个中国人来说，是不可或缺的。相信通过这套丛书，能让孩子们在传统文化中受到启迪，获得裨益，让古典精神和知识在自己的心灵中成长为一股力量，从容地面向无限可能的未来。

过常宝

北京师范大学文学院院长

人文素养与积学储宝

人文素养，是沟通交际的软实力。创意表达，是突破困境的万灵丹。两者的交集，就在阅读生发的能量。素养，靠日复一日的积累；表达，赖精确有效的运用。表达需要创意，才见精彩；创意仰赖文化，才能茁壮。好比储蓄与提款，想如愿地投资理财，必先储存可观的资金；又像数据库的建构与使用，如果存量不够丰富而多元，那就不能左右逢源，心想而事成。人文素养的积累和表达能力的创新，道理是一样的。其中，文化因素是之间的触媒。

“博观而约取，厚积而薄发”，是大文学家苏东坡温馨而具有智慧的提示。在苏东坡生长的北宋时代，除传统写本外，又多了印本图书。面对知识爆炸，阅读将如何抉择？东坡于是有如上述的建言。如今我们面对的知识传播，其复杂与快速，自非古人所能想象。不过，现代人每天看的报章、杂志、计算机、网络，有很多属于信息、消息，不等于知识或学问。再博观、再厚积，值得储存的知识能量毕竟有限。如何善用琳琅满目的信息，转化为所向无敌的创意，积淀为可大可久的人文素养，那肯定是另一个话题。

中华传统文化，源远流长。经过时间长河的淘洗，淬炼为优质可贵的文化遗产，体现为传世不朽的经典图书。这些图书，大部分提供给大人阅读；有一些书，适合少年儿童朗读。其中价值无限，值得永久典藏者不少。古人说“开卷有益”，又说“转益多师”，强调阅读的行动和质量，可作为座右铭。有鉴于苏东坡“博观厚积”的指引，《易经》蒙卦“匪我求童蒙，童蒙求我”之启示，一群志同道合的朋友，同心协力，成就《大私塾教养阶进丛书》用专家的材料，写出通俗的文字，作为亲子间的知识飨宴。学童经由年年岁岁的积累，春风化雨般的熏陶，对于文化精华的蕴藏自然丰厚，将来长大成人，无论约取或薄发，多可以如鱼得水，无入而不自得。所谓“书到用时方恨少”，未雨绸缪，及早储备，方是良策。

这部亲子读物，古人叫作童蒙书。就属性来说，大抵经、史、子、集都有。分享圣贤之智慧，传承人生之经验，是各书的共同特色。至于提供历史教训、处世哲学，展现人文关怀、应对诀窍，更所在多有。本丛书尤其注重实作演练，有关艺术陶冶与创意发想，于家教启蒙中，已逐渐奠定利基。这部童蒙经典，大抵皆为优质文化遗产的结晶，《易经》大畜卦称“君子以多识前言往行，以畜其德”，是指多接触古书，了解历史文化，所谓积学可以储宝。台湾师大鲁实先教授曾言：“人天生的智慧很难改变，但聪明可以学习。熟读历史，可以使人聪明！”传统文化，就是过去历史的精华，先贤用心良苦，编成《三字经》《弟子规》《五字鉴》《朱子家训》等童蒙书，认为教育应从幼童开始。用心诵读积累，当有助于将来的约取薄发。人文素养沉潜认知既深，更有助于应付世变，驾驭世变，促使创意发想成为无限可能。

阅读之于思想和素养，好比音乐之于心灵，甘霖之于沙漠，河海之于舟船。给人滋润，给人能量，给人激励，给人启发，给人反思；同时又能令人陶醉，令人感动，令人鼓舞，令人充实。至于开发潜能，升华认知，促成创意发想，更是阅读活动的必然结局和成效。心理学家说：从接收到反应，阅读很容易生发感染的气氛，形成同群效应。阅读，号称文明之声。知识飨宴的场景，是温馨美好的亲子活动图。期待这种风景，能够天天在家庭完美上演。

朱熹是位知名的理学家、大学者，读了很多书，也写了很多书。他曾作一首诗，推崇知识的惊人能量：

昨夜江边春水生，艨艟巨舰一毛轻。

向来枉费推移力，此日中流自在行。

阅读可以获取知识，知识等同能量；拥有无限的能量，人生就可以“自在行”。

愿共勉之，是为序。

張高評

台湾成功大学中文系教授

2015年8月15日

重读历史，唤醒民族记忆

我们为什么要读历史？学历史到底有什么用？

近些年来，伴随着外语学习热潮的是对于本民族母语学习的轻视，很多的年轻人外语比母语学得好，对外国的历史比对自己祖国的历史了解得更多。不得不说，作为一个中国人，只知 ABC，不知之乎者也，不仅是一种讽刺，也是一种悲哀。

所幸，随着中国国力的不断强大，中国文化的传承也越来越受到尊崇和重视。现在，孩子们该读什么样的书，不仅是每个家庭关心的问题，也事关国家、民族的长远发展。当下，无论是国家、学校、社会，还是家庭，父母老师都开始想方设法让孩子们亲近母语，阅读经典，熟知祖国的历史。青少年从小阅读本国历史，就能够更加理解本民族文化，认同自己的身份。

千古一帝唐太宗李世民说：以史为鉴，可以知兴替。在近代以前，学习历史是培养各种领袖与人才的必备教育，因为它能够使人对过去“稽其兴坏成败之理”（《史记 · 太史公自序》）。

当然，读历史，不仅仅是为了记住历史事件和人物，也不是为了炫耀自己学识渊博；读历史，是为了从“当时”和“演变”中经过思辨，提取智慧，为我所用。

大私塾教养阶进丛书“以史为鉴”系列，由《百家姓》《五字鉴》《史记故事》三册书组成，本系列丛书作为学习历史的入门书，用讲故事的方式，让孩子们了解历史事件和历史人物，并发现学习历史的乐趣；同时通过学习历史启发孩子们的思维，认识到学习历史的价值。所以，这几本书里没有必须背诵的历史节点，所提出的问题也没有标准答案，我们只是希望每位家长和孩子，通过阅读、通过思辨，能够得出自己的、具有现实意义的答案。

《五字鉴》

《五字鉴》原名为《鉴略妥注》，是明朝李廷机根据我国古史资料所写的一部历史蒙学读物，此书以五言韵文的形式，按年代顺序将我国上自远古传说，下至元明的社会历史，进行了简单扼要的总述和概括。全书仅万余字，行文言简意赅，叙事条理分明。

《五字鉴》可谓一部二十一史，是一本浓缩了的记传体历史读本，于正史之外，还广泛吸纳了神话、传说和一些轶闻趣事，极大地激发了儿童的阅读兴趣。

与原典有所不同的是，我们编撰的这本《五字鉴》，加入了清朝历史，郑海香老师仿照原典五言韵文的形式，将清朝历史补齐，让孩子们能够更加完整地学习中国古代历史。

原典部分有注音、注释，你可以在空白处写出译文。

泡泡部分，是对原典中提到的典故的解释。

讲故事懂道理

用讲故事的方式解读历史，让读者从中体会。

年代轴

将中国历史置于世界之中，让读者在了解中国历史的同时，很直观地看到，此时此刻的世界。

同时，我们还将世界历史的概况以年代轴的形式体现出来，让读者在学习中国历史的同时，能够对同时期所对应的世界历史有所了解。希望我们的读者能够从世界格局的角度，阅读中国历史，指引现实世界。

学习历史，最大的意义在于“鉴”，是对历史的思考以及历史给予我们的思辨和现实意义。所以，我们在一段历史的学习后，加上供读者思考的“历史的思辨”，请家长与孩子们一起思考、一起辩论、一起提问。“历史的思辨”只有提问和思考，没有标准答案。

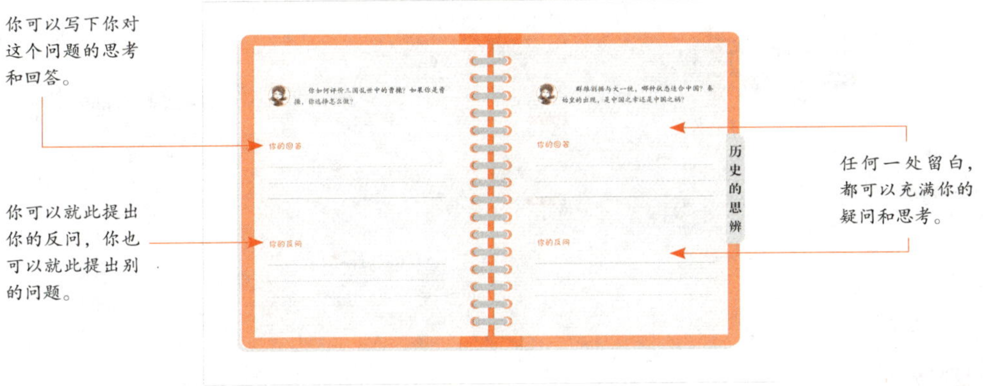

《史记故事》

《史记》是我国第一部纪传体史书，我们平常耳熟能详的故事，如赵氏孤儿、负荆请罪等都是出自《史记》，诸多成语，如破釜沉舟、鸡鸣狗盗等也都出自史记故事，可以说《史记》是中华民族传统文化的源泉。鲁迅先生评价《史记》是“史家之绝唱，无韵之《离骚》”，作者司马迁文笔犀利中肯，在他笔下那些尘封在历史中的人物跃然纸上。青少年读者阅读这段历史，不仅是能增长自己的知识，陶冶文化情操，更重要的是唤醒千年的民族记忆，增强民族认同感。

我们精选了《史记》中的部分经典，以白话文的方式讲解这些故事，并配以插图。在编写过程中编者常常被历史上的故事所打动，笑中带泪，泪中带笑，那一个个历史人物仿佛就在眼前。希望这本《史记故事》能带领读者走进几千年前的峥嵘岁月，在阅读历史、感受历史中反思历史，指引当下。

每一篇故事后面都有思考和反问，再说一遍：这里没有也不需要标准答案。你只需要展开想象，展开思辨。

《百家姓》

中国人历来有寻根问祖的传统，以家族为中心、以血缘区别远近亲疏，是中国传统文化的核心之一。姓氏也是一种文化，通过姓氏，我们可以知道自己生命的由来，可以了解自己的宗族血脉与历史，从而明白“参天之木，必有其根；怀山之水，必有其源”，是谓“寻根”；“草木祖根，山祖昆仑，江河祖海”，是谓“问祖”（张澍《姓氏寻源》）的真正含义。《百家姓》的产生与流传，正体现了中国人对宗脉的强烈认同感。

根据史料记载，《百家姓》最早成书于北宋初年，最初收集的姓氏有 411 个，后来增补到 568 个，其中单姓 444 个，复姓 124 个。《百家姓》采用四言体例，句句押韵，读来琅琅上口，与《三字经》、《千字文》并称“三百千”，是中国古代幼儿启蒙读物的固定教材。

我们编写的以史为鉴之《百家姓》，在参考《百家姓》相关书籍及网络查询的基础上，选取《百家姓》前 100 个姓氏及一些复姓，按照来源分类，从起源、得姓方式、郡望、堂号、姓氏始祖、姓氏名人等方面详尽解说，其余姓氏因篇幅所限，只做分类，不详尽解说。虽然书中介绍的只是极微小的一部分，但我们希望读者能够由此走向百家姓探源之路，感受姓氏文化的魅力，体会《百家姓》的价值。

当然很多姓氏都有多种得姓方式，我们且按主要得姓方式划分。

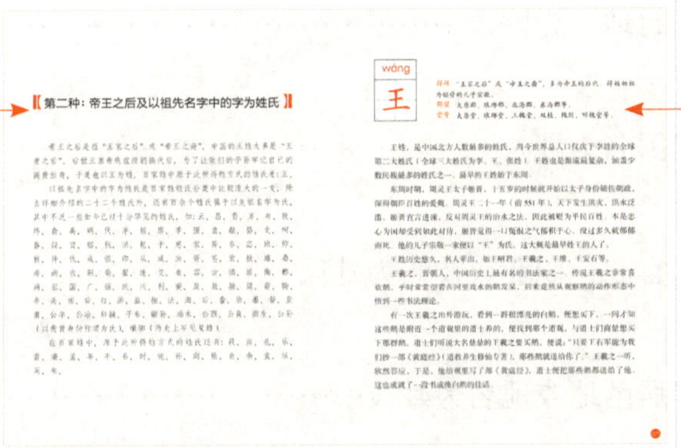
【第二种：帝王之后及以祖先名字中的字为姓氏】

wáng

王

每个姓氏都有系统介绍。你也可以基于此对自己的家族进行一番探源。

再次阐明：阅读历史，多读、多想、多辨，方为读史之正道。我们希望能够通过上述三本书，带领读者回到历史的原点，藉由历史事件和人物的具体事例，经过思辨，让那些尘封的历史重新在当下发挥功用。

巨变的时代，每个人都应思考如何在历史的大潮中掌好舵。其实历史自身已为我们提供了参考，虽时过境迁，但人性不变；细细咀嚼那些成败得失，或许能让我们避免“后人复哀后人”的悲剧。当今中国，全民族都在为实现伟大中国梦而努力奋斗，让青少年重读历史，既增强其主人翁精神，也可为国人建立文化自信作出贡献。

目录

【第一种：以祖先的图腾崇拜物为姓氏】

在先秦文献典籍中，关于原始氏族部落及其始祖源于图腾物像的神话传说，屡见不鲜。如炎帝神农氏，他的母亲名字叫安登，当年因为感觉到有神龙缠绕身边，最后在姜水生下了炎帝，所以炎帝神农就以“姜”为姓；黄帝轩辕氏的母亲附宝，因为在田野里看到天空中有雷电环绕着北斗星，并由此感觉自己怀有身孕，最终在轩辕这个地方生下黄帝，又在姬水旁抚养他长大，所以黄帝轩辕氏就以“姬”为姓；夏的始祖女志梦见天上的星星落到地上，变成了神珠薏苡（就是车前子），然后就怀孕生下大禹，所以夏人都以薏苡为图腾，并以“姒”为姓（姒即苡字的演化）；商的祖先简狄因为吞下了一颗玄鸟（古代汉族神话传说中的神鸟）的蛋，最后生下了契，所以商以鸟为图腾，并以子为姓（子就是卵的意思）；周的祖先姜嫄因为踩到熊的脚印后生下了后稷，所以周人把熊作为氏族图腾，以姬为姓（古汉语中的姬字，右边是熊迹的形状，左边从女字旁）……

百家姓中源于此种得姓方式的姓氏有：杜、姬、赵。

dù

杜

得姓 源于神农氏中一支擅长栽培杜梨的氏族，这支氏族崇拜杜梨树，他们把杜梨树作为氏族的原始图腾，并以杜命名氏族，是杜姓最早的起源。得姓始祖杜伯。

郡望 京兆郡、襄阳郡、濮阳郡等。

堂号 诗圣堂、少陵、京兆堂、宝田堂、宝莲堂等。

西周时期，刘累的后代建立唐国，人称唐杜氏。后来周成王灭了唐国，把唐国国君迁到杜，称为杜伯。周宣王时，杜国又被灭，杜伯无罪却被杀害。在此灾难面前，杜伯的子孙大多投奔其他诸侯，而那些留在杜城的就用杜作为姓氏了，这一支杜氏族人史称杜氏正宗，是杜氏家族的主要组成部分。

在中国历史上，杜氏曾孕育出许多杰出人物。除杜姓始祖杜伯外，还有我们熟知的大诗人杜甫，人称“小杜”的杜牧，以及西汉著名经学家杜子春，东汉名臣杜乔以及唐朝著名政治家杜如晦等，下面我们就讲一个被后人尊崇为“酒圣”的杜康的故事。

传说，轩辕黄帝手下有一位大臣叫杜康，奉命管理粮食。一开始，他把粮食都堆放在山洞里，但山洞潮湿，时间一长粮食全霉坏了。后来杜康灵机一动，掏空树林里枯死的大树，把粮食全装进树洞里。没想到赶上连年好收成，装在树洞里的粮食顾不上用。几年以后，经过风吹、日晒、雨淋，粮食慢慢地发酵了。

一天，杜康上山发现，装粮食的树洞已裂开一条缝，里面的水不断往外渗出，仔细一闻，渗出来的水特别清香，再尝上一口，味道虽然辛辣，但却特别醇美。

杜康接了一罐水浆带回村里，把这种味道浓香的水让大家品尝，大家都觉得很奇怪，便去找黄帝。

黄帝听完杜康的话，又仔细品尝了他带来的味道浓香的水，立刻与大臣们商议此事。大臣们都认为这水是粮食的元气，并非毒水，应该给这种水起个名字。当时，为黄帝造字的大臣仓颉站出来说："酉日得水，咱就造个'酒'字吧！"从此，黄帝就命杜康用粮食造起酒来，后世也尊称杜康为酒神。文字作品中，"杜康"也成了酒的代称，如大家熟知的"如何解忧，唯有杜康"。

jī 姬

得姓　姬姓源自黄帝，是中华民族最古老的姓氏之一，被称为"中华上古八大姓"之一，是黄帝之姓，周朝的国姓。

郡望　南阳。

堂号　寿丘堂、赤舄堂。

黄帝与生于姜水（今宝鸡境内）之岸的炎帝并称为中华始祖，是中国远古时期部落联盟首领。黄帝本来姓公孙，因为长期居住在姬水（今陕西境内），所以改姓姬；住在轩辕丘（地名，今天的河南新郑），所以号轩辕氏；又因为他出生、建都在有熊（地名，今天的河南新郑），所以也称有熊氏；还因为有土德的祥瑞，所以号黄帝。他以统一中华民族的伟绩被载入史册。黄帝播百谷草木，大力发展生产，开始制作衣服帽子，建造车船，还发明指南车，制定音律，开创医学，创造了文字，故被称为中华人文初祖。

姬姓名人很多，如周朝始祖后稷、周文王姬昌、周武王姬发、周公姬旦、晋文公姬重耳，以及神医扁鹊、法圣商鞅等等。五帝中的高阳氏颛顼（zhuān xū）也是其中之一，我们来讲一个他的故事。

颛顼是黄帝的后代，据说他有非凡的经历和超人的力量。传说中，内黄西南一带有个黄水怪，经常口吐黄水淹没农田、冲毁房屋。颛顼听说后就决心降服他。可是黄水怪神通广大，二人激战了九九八十一天仍不分胜败。颛

造父西周著名驾驭马车的能手
历史上第一个姓赵的人拟古人意
丙申於三静書屋姚刚作

项便上天求女娲帮忙。女娲借来天王宝剑交给颛顼，并教他使用的方法。最终，颛顼用天王宝剑打败了黄水怪。为了给人间造福，他用天王宝剑把大沙岗变成了一座山，取名付禺山，又用剑在山旁划了一道河，取名硝河。从此，这里有山有水，林茂粮丰，人们过上了好日子。

中国的宗法制度很注重长子嫡孙，即嫡系子孙。黄帝的嫡系后裔长期以来保持着姬姓，非嫡系子孙则不姓姬，而演变为其他的姓氏，如周姓、古姓、冯姓都源于姬姓。

zhào 赵

得姓 源于嬴姓，出自少暭（昊）金天氏后裔伯益的后代，得姓始祖造父，属于以氏族图腾为氏。

郡望 天水、涿郡、下邳、南阳、金城、颍川、敦煌、酒泉、扶风、新安、平原等。

堂号 除与郡望名相同外，还有半部、琴鹤、孝思、莘涣、敬彝、创基等堂。

赵姓出自嬴姓，赵氏祖先伯益是颛顼帝孙，被舜帝赐姓嬴。造父是伯益的九世孙，是西周时著名的驾驭马车的能手。他曾在桃林一带得到8匹骏马，调教好后献给周穆王。周穆王配备了上好的马车，让造父为他驾驶，经常外出打猎、游玩。有一次他们西行到了昆仑山，见到了西王母，周穆王玩得非常高兴。就在周穆王玩得几乎忘记回家之时，却听到徐国徐偃王造反的消息，他非常着急，“这么远，怎么才能尽快赶回去呢？”在这关键时刻，造父驾起车日行千里，带着周穆王迅速返回了镐京，及时发兵打败了徐偃王，平定了叛乱。由于造父在这次事件中立了大功，周穆王便把赵城赐给他，自此以后，造父一族就改称为赵氏。造父也被称为历史上第一个姓赵的人。

赵姓人才辈出，有战国四公子之一的平原君赵胜，“半部《论语》治天下”

的北宋宰相赵普，也有元代杰出书画家赵孟頫，还有抗战英雄赵登禹等。其中宋朝开国皇帝赵匡胤陈桥兵变可谓是历史上的一件大事。

公元959年，后周皇帝病死，幼帝继位，时局极不稳定。公元960年大年初一，又传来辽国联合北汉大举入侵的消息，宰相范质派赵匡胤统率诸军北上抵御。大年初二，赵匡胤统率大军离开都城，夜宿距开封东北20公里的陈桥驿（地名），兵变计划开始实施。当天夜里，赵匡胤的一些亲信就在将士中散布“今皇帝幼弱，不能亲政，我们为国效力破敌，有谁知晓；不若先拥立赵匡胤为皇帝，然后再出发北征”的言论，很快就把将士的情绪煽动起来。大年初三，赵匡胤的弟弟赵匡义和亲信赵普见时机成熟，便让将士把一件事先准备好的皇帝登基的黄袍披在假装醉酒刚刚醒来的赵匡胤身上，拥立他为皇帝，并率领所有将士跪在阶前，口中高呼“万岁”。赵匡胤做出一副被迫的样子说：“你们自己贪图富贵，却立我当皇帝。你们若是能听我的命令，这皇帝也是可以当的，如果做不到，这皇帝不当也罢。”

赵匡义及赵普等一众拥立者们齐齐表示“唯命是听”。于是赵匡胤当众宣布：“回到开封后，对后周的太后和小皇帝不得惊犯，对后周的公卿不得侵凌，对朝市府库不得侵掠，服从命令者有赏，违反命令者族诛！”诸将士齐声答应，于是赵匡胤又率领兵变的队伍回到了开封。

这时宰相范质等人才知道是上了大当，但已经无可奈何，只得率百官听命。

自此，赵匡胤正式登皇帝位，轻易地夺取了后周政权，并以宋为国号，定都开封，成为大宋的开国皇帝。

【第二种：帝王之后及以祖先名字中的字为姓氏】

帝王之后是指“王家之后”或“帝王之裔”，中国的王姓大多是“王者之后”，后世王亲贵族在改朝换代后，为了让他们的子孙牢记自己的高贵出身，于是也以王为姓。百家姓中源于此种得姓方式的姓氏是：王。

以祖先名字中的字为姓氏是百家姓姓氏分类中比较庞大的一支，除去详细介绍的二十二个姓氏外，还有百余个姓氏属于以先祖名字为氏，其中不乏一些如今已经十分罕见的姓氏，如：云、昌、费、万、井、牧、终、俞、禹、明、伏、茅、屈、席、季、强、童、颜、骆、支、柯、昝、经、贲、郁、杭、洪、包、于、惠、家、羿、车、宓、班、仰、秋、仲、仇、戎、祖、印、从、咸、池、胥、苍、贡、扶、璩、桑、寿、尚、农、别、柴、瞿、连、艾、鱼、容、古、慎、居、衡、都、满、弘、国、广、禄、欧、沃、利、夔、晁、敖、融、简、毋、鞠、丰、关、相、后、红、游、益、桓、法、海、后、畲、伯、墨、督、皇甫、公羊、公冶、轩辕、子车、颛孙、端木、公西、公良、微生、公孙（以贵胄身份称谓为氏）、壤驷（历史上罕见复姓）。

在百家姓中，源于此种得姓方式的姓氏还有：段、高、孔、乐、雷、廉、孟、年、牛、石、时、施、孙、向、熊、鱼、余、袁、伍、周、朱。

wáng

王

得姓　“王家之后”或“帝王之裔”，多为帝王的后代。得姓始祖为姬晋的儿子宗敬。

郡望　太原郡、琅琊郡、北海郡、东海郡等。

堂号　太原堂、琅琊堂、三槐堂、双桂、槐阴、听槐堂等。

王姓，是中国北方人数最多的姓氏，当今世界总人口仅次于李姓的全球第二大姓氏（全球三大姓氏为李、王、张姓）。王姓也是源流最复杂，涵盖少数民族最多的姓氏之一。最早的王姓始于东周。

东周时期，周灵王太子姬晋，十五岁的时候就开始以太子身份辅佐朝政，深得朝臣百姓的爱戴。周灵王二十一年（前551年），天下发生洪灾，洪水泛滥，姬晋直言进谏，反对周灵王的治水之法，因此被贬为平民百姓。本是忠心为国却受到如此对待，姬晋觉得一口冤恨之气郁积于心，没过多久就郁郁而死。他的儿子宗敬一家便以“王”为氏。这大概是最早姓王的人了。

王姓历史悠久，名人辈出，如王昭君、王羲之、王维、王安石等。

王羲之，晋朝人，中国历史上最有名的书法家之一。传说王羲之非常喜欢鹅，平时常常望着在河里戏水的鹅发呆，后来竟然从观察鹅的动作形态中悟到一些书法理论。

有一次王羲之出外游玩，看到一群很漂亮的白鹅，便想买下，一问才知这些鹅是附近一个道观里的道士养的，便找到那个道观，与道士们商量想买下那群鹅。道士们听说大名鼎鼎的王羲之要买鹅，便说：“只要王右军能为我们抄一部《黄庭经》（道教养生修仙专著），那些鹅就送给你了。”王羲之一听，欣然答应，于是，他给观里写了部《黄庭经》，道士便把那些鹅都送给了他。这也成就了一段书成换白鹅的佳话。

duàn

段

得姓 出自姬姓，是春秋时郑武公的儿子共叔段的后代，属于以王父字为氏。

郡望 京兆郡、武威郡、扶风郡、天水郡。

堂号 君轼堂、武威堂、京兆堂、锦绸堂、余庆堂、多寿堂、集凤堂等。

春秋时期，郑武公的妻子武姜生长子庄公时难产，生二儿子叔段时却很顺利，而且叔段生得一表人才，很讨武姜欢心，因此郑武公病重时，她请求武公立叔段为太子，武公因为长幼有序，不能废长立幼，没有答应武姜的请求。庄公即位当了郑国国君后，武姜又请求把制（今河南省汜水）作为段叔的封地，庄公不答应，却把京城封给了段叔，人称“京城太叔”。段叔以武姜为内应，公开招兵买马，不断扩张自己的势力，并准备袭击庄公。就在他一切准备就绪即将行动时，早有防备的郑庄公先发制人，突袭京城，大败叔段。叔段逃到共（今河南省辉县），当时的人称其共叔段。他的子孙为了与郑国王室有所区别，就以王父字为氏，奉共叔段为段姓得姓始祖。

从古至今，段姓名人很多，清代的朴学宗师段玉裁，近代的政治人物段祺瑞等都深为人知。

战国时期魏国的段干木品德高尚，在魏国及邻国国民中享有很高的声誉。段干木辞官隐居在家后，魏文王月夜登门拜请他。他遵从“不为臣不见诸侯”的古训，跳墙躲起来，不肯与魏文王见面。后来，魏文王每次乘车经过段干木居住的里巷门外时，总要起身在车的横木上肃立表示敬意。魏文王的车夫对此举动颇为不解，问：“段干木不过一介草民，您过他的草房表示敬意，不是太过分吗？”魏文王答道：“段干木是一位贤者，他不追求权势名利，胸怀君子之道，却隐居在这鄙陋的巷子里，而他的名声又传遍天下，我怎么敢不起立扶轼表示敬意呢？他因拥有高尚德行而扬名，我却靠君王的权势而取得荣誉；他有仁义，我有财物。土地不如德行，财物不如仁义。你怎么能轻看他呢？”魏文王的行为终于感动了段干木，终与文王相见并辅佐文王朝政。魏文王在位50年，首霸中原，开创历史上最辉煌的时代，可以说，这与段干木的雄才大略、辅政安邦密不可分。

gāo 高

得姓 源自姜姓，出自春秋时期齐惠公之子公子祁，属于以先祖名字为氏。

郡望 渤海郡、渔阳郡、广陵郡、河南郡等。

堂号 渤海堂、厚余堂、渔阳堂、辽东堂、广陵堂、河南堂、有继堂、供侯堂等。

春秋时期，姜太公六世孙的儿子受封于高邑（今河南禹州），称为公子高。公子高孙傒和齐襄公的弟弟公子小白是好朋友。当时，公孙无知发动内乱，杀了齐襄公。傒联合诸大臣一齐平定内乱，诛杀了公孙无知，迎立公子小白为君，就是后来的齐桓公。傒因为平乱迎君有功，被封为上卿，并赐他以祖父公子高的名为姓，称为高傒氏。高氏就这样诞生了。

高姓是一个多民族、多源流的古老姓氏群体，源流众多。高氏主流发源于今河南省境内，但在春秋以后，却以齐鲁之地分布居多。东汉末期是高姓的鼎盛时期，五代宋元时期，高姓大批移民于江南各地，尤其是江浙地区。

高姓人口众多，名人也不少，高渐离因为荆轲刺秦的故事更是为人所知。

高渐离，是荆轲的好友。荆轲刺秦王时，临行前，高渐离与太子丹在易水河畔为之送行，曾击筑（筑是古代的一种击弦乐器，颈细肩圆，中空，十三弦）高歌“风萧萧兮易水寒，壮士一去兮不复还”。

秦王吞并天下，立号为皇帝后，开始通缉太子丹和荆轲的门客，高渐离

便更名改姓给人家当酒保。时间长了，高渐离觉得很累，也考虑到长久地隐姓埋名，担惊受怕地躲藏下去没有尽头，便改装易容，利用主人家给自己的机会到堂上击筑唱歌，宾客们听了，没有不被感动得流泪的。从此后，宋子城里的人便轮流请他去做客。这消息被秦始皇听到，便召令他进见，有认识他的人，就说："这是高渐离。"秦始皇怜惜他擅长击筑，特别赦免了他的死罪。于是熏瞎了他的眼睛，让他击筑。高渐离借机一步步接近秦始皇。最终，他将铅放进筑中，在进宫击筑靠近秦始皇时，举筑撞击秦始皇，却没有击中，高渐离也被秦始皇所杀。但高渐离这一行为也使得秦始皇终身不敢再接近从前六国的人了。

kǒng

孔

得姓　源于姬姓、妫姓等，出自春秋时期陈国大夫孔宁和春秋时期郑穆公姬兰之后，属于以先祖名字为氏。

郡望　鲁郡、京兆郡、河南郡、会稽郡等。

堂号　阙里堂、至圣堂。这两个堂都是因孔子而命名的。

西周初期，成汤的后裔微子启被封于宋国，微子启死后，其弟宋微仲继位。微仲九世孙孔父嘉在宋做上卿，后来因为遭受奸臣迫害，他的后代逃到鲁国，就把名字中的"孔"作为姓氏，也是子姓孔氏。孔子就是孔父嘉的七世孙。

孔氏谱系完善，被尊为"天下第一家"、"儒家第一姓"，历代孔家都有社会和经济方面的殊遇，自古有"天下孔姓一家人"之称。

孔子带领他的学生们到各诸侯国游学，因孔子的观念在当时的乱世是难以践行的，因而在各国都受到冷遇。有一次，他们被围困在半道，前不靠村，后不靠店，所带粮食吃完，绝粮七日，有七天的时间没有尝过米饭的滋味。

有一天中午，孔子的弟子颜回讨来一些米煮稀饭。饭快要熟的时候，孔子看见颜回居然用手抓取锅中的饭吃。

孔子故意装作没有看见，当颜回进来请孔子吃饭时，孔子站起来说：“刚才孟李祖先告诉我，食物要先献给尊长才能进食，岂可自己先吃呢？”

颜回一听，连忙解释说：“夫子误会了，刚才我是因看见有煤灰掉到锅中，所以把弄脏的饭粒拿起来吃了。”

孔子叹息道：“人可信的是眼睛，而眼睛也有不可靠的时候；所可依靠的是心，但心也有不足靠的时候。”

孔姓是一个先孤后众的姓氏，是典型的多民族、多源流姓氏群体，在当今姓氏排行榜上名列第八十三位，属于大姓系列。

孔子之后的数代，多次出现过单传情形，人口增长缓慢，到了唐朝末年，在曲阜的孔子一族后裔竟然尚不足十户。五代后梁时期，经历过“孔末乱孔”的劫难，族人存世更少。一直到了宋朝以后，在赵宋王朝的大力呵护下，孔氏族裔繁衍才大幅度增长，到清朝末年，仅四十三代孔仁玉这一支的后裔在曲阜即已经达到了数万人；与此同时，随着社会政治、经济活动的发展，外迁人口也得到极大扩散。

yuè

乐

乐姓有两种发音，一读 yuè，一读 lè。

得姓 源于子姓的乐姓，一支出自春秋初期宋国国君宋戴公的儿子公子衎，属于以先祖名字为氏。该支乐氏正确读音作 lè；另一支出自春秋时期宋戴公四世孙乐莒之后，属于以先祖名字为氏。该支乐氏正确读音作 yuè。

源于姬姓的乐姓，一支出自春秋时期晋国大夫乐王鲋之后，属于以先祖名字为氏；另一支出自春秋时期燕国大将乐毅之后，属于以先祖名字为氏。两支乐氏的正确读音均作 yuè。

郡望 南阳郡和河内郡。

堂号 以望立堂的南阳堂和河内堂。

乐姓源于春秋时的宋国，跟后世以宋为姓的人，算起来是血脉相同的一家人。当时的宋国，是由殷商纣王的长兄微子所建。后来，宋戴公之子公子衎，字乐父，他的后代就以王父字为氏，于是就出现了“乐”这个姓氏，世代相传至今，史称乐氏正宗。这一支后裔在历史上的著名人物就是乐羊和乐毅。

乐毅，是魏国名将乐羊的后代，有贤才，喜好兵法。公元前 284 年，乐毅统率赵、秦、韩、魏、燕五国的兵力讨伐齐国，连下 70 余城，尤其是大败齐军的济西之战，创造了中国古代战争史上以弱胜强的著名战例。他的作战指导方略和政治思想对当时和后世都有着重要影响。据传，乐毅带兵伐齐时，屯兵乐陵境内，发现当地的枣与众不同，特别甜脆爽口，乐毅想这必定是水土的缘故，便命令士兵从燕国移来千余棵枣树，栽种于此。后来这个地方历经战乱洗劫，唯独这些枣树枝繁叶茂，因为是当年大将军乐毅所栽，后人就称此树为“乐毅树”。

léi

雷

得姓　源于姜姓，出自炎帝裔孙方雷氏的封地方山；源于子姓，出自商朝殷纣王宠臣雷开；源于姬姓，出自黄帝属下大臣雷公，均属于以先祖名字为氏。

郡望　冯翊郡、豫章郡。

堂号　谦让堂、冯翊堂、豫章堂、精易堂等。

相传，炎帝神农氏的九世孙叫雷。在黄帝率领炎黄部落联盟战伐蚩尤时，双方在涿鹿打得十分激烈，雷奋勇杀敌，将生死置之度外，为辅佐黄帝剿除蚩尤立下大功。胜利后，黄帝论功行赏，雷被封于方山（今河南叶县、方城一带），建立了自己的诸侯国。他的后裔子孙以及部族人等遂以国为姓氏，复姓方雷氏，为古诸侯国之一。他的后裔子孙中，简化分衍为两支，其中一支以先祖名字为姓氏者，称雷氏，是非常古早的姓氏之一。

雷氏是一个历代悠久、多民族、多源流的姓氏，属于大姓系列。历史上，雷姓源于北，盛于南，是典型的南方姓氏。而且济济多才，如《封神榜》中的雷震子，天文学家雷焕，唐代勇将雷万春以及被誉为交友典范的雷义。

《后汉书·独行传》中记载了东汉时的两个年轻人陈重和雷义的故事：两人因为一道学习《春秋》而结成了好友。有一年，太守张云推荐陈重做孝廉（任用官员的一种科目，是“孝顺亲长、廉能正直”的意思），陈重就把孝廉推让给雷义，还多次写信给张云，希望张云同意他的做法。陈重越是推让，张云越觉得这个人道德高尚，越发不肯同意。多次相让后，到了第二年，张云终于推荐雷义做了孝廉。过了好几年，雷义又被推荐为茂才（和秀才同义）。雷义也立刻想到了好友陈重，就去找刺史，说：“陈重才学比我高，请把茂才让给他。”刺史拒绝说：“怎么可以这样做？”雷义跟刺史讲了很多次，刺史始终不听。雷义就假装得了疯病，披头散发，到处乱走，口中尽是疯话，拒不接受推举。雷义家乡的人都知道雷义是装疯，对他们两人更加钦佩了。刺史派人前来了解情况，雷义家乡的人笑着说：“只要让陈重当茂才，雷义的病就好了。”乡里人又说：“如今我们乡里流传着两句话，‘胶漆自谓坚，不如雷与陈。’（胶漆虽然粘接得非常牢固，但及不上雷义陈重的交情。）”官府了解了这些情况，就同时推荐二人为茂才。后来，由乡里人的这句顺口溜，演化出了一个成语“陈雷胶漆”，比喻彼此友情极为深重。

lián 廉

得姓　源于姬姓，出自黄帝玄孙大廉；源于子姓，出自殷商末期纣王大臣飞廉；源于芈姓，出自春秋时期楚国贵族斗廉，属于以先祖名字为氏。

郡望　河东。

堂号　河东堂。

廉氏是一个非常古老、多民族、多源流的姓氏群体，得姓历史悠久，在全国分布较广，尤以河南等省为多。

廉姓来源至少可以追溯到4000年以前。据史料记载，黄帝的儿子名叫昌意，昌意的曾孙，名字叫大廉。大廉去世后，他的子孙中就有以其名字命姓的，于是成了今天的廉姓。这个古老的姓氏，也是最正统的黄帝后裔。

元朝时期，有一个维吾尔族人布鲁海牙，与大元朝政府颇为友善。当元朝廷封他为肃政廉访使的时候，正好他的儿子降生，人们都恭贺他官拜肃政廉访使（简称廉使），布鲁海牙于是就以官职称谓为姓氏，给自己取了个汉名叫廉允中，也给儿子卜鲁凯雅取了个汉名叫廉希元。现在的回族廉姓多出自此支。

在廉姓家族中最著名的当属演绎出“将相和”传奇的老将廉颇了，其实，作为赵国大将，廉颇在领兵打仗方面也颇有自己的一套。

秦赵交兵时，秦国探知赵国粮草不丰、人心不稳，便派大将白起率大军来攻赵国都城邯郸，赵王速派名将廉颇带兵迎敌。

老将廉颇出邯郸西门，来到离城50里的一座小山下安营扎寨。这里南靠鼓山，北临洺水，是秦军进攻邯郸的必经之路。傍晚，他令士兵把军中的粮食盛到布袋里，都摆到小山上，派人严密看守，然后四处贴下告示：粮草重地，任何人不得靠近，违令者斩。

第二天，白起率大军攻入武安境内，忽然探子来报："往东二十里，发现赵军粮营，大将廉颇带重兵把守。"白起听了将信将疑，亲自前去察看。不看还好，一看差点儿把他从马上惊下来，只见赵军营中粮食一袋袋、一层层堆积如山，下面军营，大帐连阡，号旗严整。于是白起仰天叹息道："赵军粮足兵精，天不助我也！"急忙下令退兵。

从此，这座无名小山，就被称作粟山了。后人还在半山腰立了一块石碑，以诗文形式记述了这件事。

mèng 孟

得姓 源于姬姓，出自春秋时期的鲁国公族庆父的儿子公孙敖，属于以先祖名字为氏。

郡望 洛阳、平陆县、东海郡、巨鹿郡、武康县、安平县、江夏郡等。

堂号 江夏堂、洛阳堂、东海堂、巨鹿堂、武康堂、安平堂、平陆堂等。

孟姓是一个多民族、多源流的姓氏，是当今常见姓氏，为中国人口最多的一百个姓之一。孟姓发源于山东，早期也主要是在山东、河南及其近邻的河北发展和繁衍，后来才逐渐扩散到全国各地。

鲁桓公的庶子庆父是孟姓的得姓始祖。庆父是个品行极坏的人，因鲁庄公夫人没有孩子，他便与哀姜密谋，欲立哀姜妹妹叔姜所生之子子开为鲁君继承人。庄公死后，其小弟季友按照庄公的意愿立庄公之子开为君，就是缗公。后来，庆父又派人杀死缗公，欲自立。因此，鲁国人非常恨他，都说："庆父不死，鲁难未已（庆父如果不死，鲁国的灾难就不会停止）。"庆父非常害怕，逃到莒国。季友用贿赂求莒送归庆父，庆父在归国途中自杀。任鲁相的季友，让庆父的儿子公孙敖继承了庆父的禄位。因庆父在庶子中排行老大，而"孟"字在兄弟排行次序里代表最大的；又为避讳弑君之罪，所以，庆父的子孙改称孟孙氏。后来，孟孙氏又简化为孟氏。庆父欺君，其子孙改姓，都发生在鲁国，所以这支孟姓出自山东。

孟姓子孙人才辈出，如著名诗人孟浩然、孟郊，水利学家孟简，南宋名将孟珙，被称为"东平四杰"的元初名臣孟祺及明朝的开国功臣孟善。但其中最著名的，当属儒家学派的代表人物，人称"亚圣"的孟子。

战国时代，因为各诸侯王国都采取合纵连横之计，联络距离远的国家，进攻邻近的国家，因此战争连年不断，可苦了各国的老百姓。孟子看了，决定周游列国，去劝说那些好战的君主。

孟子来到梁国，拜见了好战的梁惠王。梁惠王对孟子说："我费心尽力治理，又爱护百姓，却不见百姓增多，这是什么原因呢？"

孟子回答说："让我拿打仗作个比喻吧！双方军队在战场上相遇，免不了要进行一场厮杀。厮杀结果，打败的一方免不了会丢盔弃甲，飞奔逃命。假如一个兵士跑得慢，只跑了五十步，却去嘲笑跑了一百步的兵士是'贪生怕死'。"

孟子讲完故事，问梁惠王："这对不对？"梁惠王立即说："当然不对！"孟子说："你虽然爱百姓，可你喜欢打仗，百姓就要遭殃。这与五十步笑百步是同样的道理。"

梁惠王听了，恍然大悟。

后来人们就用“五十步笑百步”这个成语来比喻程度不同，但本质相同的做法。

nián

年

得姓　源于姜姓，出自春秋时期齐襄公之后，属于以先祖名字为氏，得姓始祖是姜小白。

郡望　怀远。

堂号　除以望立堂的怀远堂外，还有恭定堂、兵严堂等。

史籍《路史》记载：“齐太公后有年氏。”说的就是年氏的得姓始祖姜小白，也就是齐桓公。

齐桓公是春秋时期齐国的第十五位君主，姓姜，名小白，是齐襄公的弟弟，齐厘公的儿子，也是首先称霸中原的国君。齐襄公在位时是一个暴虐的君主，国内怨声载道，人人愤恨。姜小白进宫劝谏，齐襄公不听。姜小白在鲍叔牙的劝说下，来到了莒国。公元前685年，齐襄公的族弟公孙无知与大臣连称、管至父串通发动政变，杀了齐襄公，篡夺了王位，立姜无知为国君，即齐厘公。一个多月后，雍廪、高傒等大夫又杀了公孙无知等，准备迎接在鲁国的姜小白的哥哥公子纠回国即位。而国内的一些贵族却支持姜小白继位。最终姜小白抄近道首先回到齐都临淄，当上了国君，成为齐桓公。齐桓公认为父亲为君只一个月就被杀，这是一个凶兆，为了辟邪，就以祖父名字“夷仲年”中的年字为姓，称年氏，世代相传，史称年氏正宗。

年姓是个多源流的古老姓氏群体，年富、年遐龄、年希尧、年羹尧都是年氏族中的名人，尤其是清朝名将年羹尧，运筹帷幄，驰骋疆场，立下了赫赫战功。

年羹尧率军征战青海时，一天查阅地图，知道前面的路有淤泥深坑，于是就下令说：“明日进兵，各人携板一片，草一束。”军中将士不解其故。第二天，大军前进时果然在路上遇到了深沟泥泞，一筹莫展时，年羹尧下令军士将各人所带的草扎成一束扔进深沟，上面铺上自带的木板，铺好的木板一片片连接起来，大军于是畅行无阻。当地的番人本来想要倚仗此淤泥深沟为险，高枕无忧，不料年氏大军突然到来，打了个措手不及，直接捣破番人巢穴。战后，军士都称赞年羹尧“料事如神”。

年羹尧曾得到雍正帝特殊宠遇，后来却被雍正帝削官夺爵赐死。

niú 牛

得姓　源于子姓，出自商王朝开国帝王成汤的后裔，属于以先祖名字为氏，是中国十大古姓之一。得姓始祖微子。

郡望　陇西。

堂号　陇西堂、太史堂、大雅堂、惟明堂、燕翼堂等。

商时纣王残暴奢侈，荒淫无道，他的兄长微子多次规劝，他却充耳不闻。眼见国家将要灭亡，微子十分痛苦，于是求教朝中三公之一的父师（箕子），并听从父师的劝告，毅然离开王宫。传说微子离宫出走时，在正午时分，其后人便将“午”字出头为“牛”字作为姓氏，世代相传至今。

得姓后的牛氏人，就像他们的姓氏一样勤苦劳作，踏实肯干，许多牛氏名人流传史册，牛僧孺，就是其中之一。

以方正敢言进身的唐代宰相牛僧孺，自幼好读书，善写文章。元和三年（808 年），宪宗皇帝策试贤良方正，牛僧孺与李宗闵等三人在对策中，因为一条一条指出宰相李吉甫失政之处而名闻天下，但却因此激怒了宰相李吉甫，很久都不能得到重用。公元 821 年，宿州刺史李直臣坐赃当死，穆宗为他求情说：“直臣的事情虽超越本分，有违法之过，但他有经度之才，可免死，委之边任。”牛僧孺婉转地对皇上说：“昔日安禄山等人都曾以才过人，但他们却乱我大唐江山，受到严惩，何况李直臣和他们相比，只是小才，怎能不依法制裁，使法律受屈呢？”皇上嘉奖他的守法，便不再说情，还将他升为户部侍郎。

shī 施

得姓　源于姬姓，为春秋时期鲁惠公之子姬尾生之后，属于以先祖名字为氏。

郡望　吴兴郡。

堂号　吴兴堂。

春秋时期，鲁惠公姬弗湦的孩子中有个叫姬尾生的，字施父，历史上称他为施父尾。在鲁桓公执政时期，姬尾生是鲁国的大夫。据说，姬尾生精通音律，曾经只是观察了来访的曹国太子赏乐姿态的变化，就断言他的父亲曹伯将不久于人世，后来果然应验。鲁桓公非常敬重姬尾生的才华，就委之以重用，姬尾生后来成为春秋名臣。他的后裔传到五世孙姬孝叔时，干脆以先祖名字（施父）为姓氏，称少施氏，亦称施父氏，以示与别的家族不同。后来又简化为单姓施氏，世代相传至今，史称施姓正宗。

施姓，是一个具有悠久历史的古老姓氏，也是一个多民族、多源流的姓氏，在当今姓氏排行榜上属于大姓系列。施姓名人遍及各个领域，如孔子七十二贤之一施之常，五代画家施璘，清代文学家施清，具有外交才干的实业家施肇曾，平台湾、灭郑氏的施琅，其中我们熟知的莫过于《水浒传》的作者施耐庵。

别看施耐庵是个文人，其实他也有一身武艺呢。有一年元宵节，施耐庵上街观花灯，忽然看见一个恶霸地痞在街头侮辱一名妇女。施耐庵怒火顿起，走上前去，用右手将那家伙提起，然后像摔死狗似的将他摔在地上。恶少吓得连连磕头求饶，施耐庵便饶了他。谁知第二天，那家伙居然纠集了七八个无赖前来报复。施耐庵毫不慌张，找来一根粗绳，让无赖们用绳子捆住他的双腿，然后叫他们用力拉。可是，这些无赖一个个累得脸红脖子粗，施耐庵的双脚就像生了根，纹丝不动。接着，他取出铁棒，一记“乌龙摆尾”，就将身旁的一棵大杨树“咔嚓”一声打断。无赖们见到如此景象，一个个吓得面无血色，急忙趴在地上叩头认输。后来，施耐庵在写《水浒》时，还将这段亲身经历融进了鲁智深在大相国寺降伏众泼皮的情节中。

shí 石

得姓 源于姬姓，出自春秋时期康叔六世孙卫靖伯之孙公石碏；源于子姓，出自春秋时期宋国的公子段；源于姬姓，出自春秋时期郑国公子丰又大夫，属于以先祖名字为氏。

郡望 武威郡、渤海郡、平原郡、上党郡、河南郡。

堂号 以望立堂的河南堂、渤海堂、平原堂、武威堂、上党堂、徂徕堂。

春秋时期康叔的六世孙卫靖伯之孙公石碏，是卫国的贤臣，也是卫国的大功臣，世为卫大夫。石碏曾经劝谏卫庄公，希望庄公教育好自己的儿子州吁。庄公死，卫桓公即位，州吁与石碏之子石厚密谋杀害桓公篡位。州吁为确保王位坐稳，还派石厚去请教石碏。石碏恨儿子大逆不道，设计除掉了州吁与石厚。石碏在这个过程中表现出的大智大勇、大义灭亲，历来被后世君子们所称赞。他死后，他的孙子骀仲，后来以祖父的字命氏，称石氏，史称石氏正宗。

石姓是一个典型的多民族、多源流姓氏群体，属于大姓系列，名人辈出，像孔门七十二贤之一石作蜀、战国中期魏国天文学家石申、后晋高祖石敬瑭，及太平天国翼王、杰出的军事家和政治家石达开都是其中的佼佼者。

石奢是楚昭王的丞相。他一向依法办事，从不徇私情和畏避权势。有一天他巡行所主管的县，路上遇到一个杀人的人，追到后才发现，这人竟然是自己的父亲。他放走了父亲，回来用绳绑住自己，让别人把这事报告楚昭王，说："杀人的罪犯，是我的父亲。以惩办犯法的父亲来严肃纲纪，这是不孝；可是废弃法律放纵罪犯，这又是不忠。我的罪行应当处死。"楚昭王说："你追赶罪犯但是没有追上，不应当承担罪名，你还是去处理自己的政务吧。"石奢说："不偏爱自己的父亲，不是孝子；不奉行国君的法律，不是忠臣。大王赦免了我的罪行，这是国君的恩惠；让自己被执行死刑，这是我的职责。"他没有接受国君的赦免令，自己用刀刎颈而死，可谓代表了法家精神的最高境界。

shí 时

得姓 源于子姓，出自春秋时期楚国大夫申叔时，属于以先祖名字为氏。该支时氏正确读音作 chí，今读 shí 亦可。

郡望 陈留郡、陇西郡、巨鹿郡等。

堂号 以望立堂的陇西堂、陈留堂、抚州堂、巨鹿堂。还有留牛堂、寿春堂等堂号。

春秋时楚国公族，名叔时，因封地在申（今河南南阳），人称申叔时。春秋时，楚国想争霸中原，便以征舒弑杀陈灵公为借口，斩杀了征舒，灭掉陈国。班师回朝后，庄王设宴庆功，群臣纷纷祝贺，独有申叔时持有异议，认为庄王除掉弑君的征舒，陈人会感激不尽，而灭掉陈国，只会适得其反，犹如蹊田夺牛（即牛踩了田里禾稼，田主为追偿而夺去其牛），非王道之举。庄王听后，连连顿足，就下令撤回军队，恢复陈国。庄王这一行为，赢得了北方诸侯的信服，为其后来成为“春秋五霸”之一打下了坚实基础。而申叔时也因这一次进谏声名鹊起，百世流芳，其后世子孙中有一支以王父字为氏，称时姓。

时姓是比较典型的北方姓氏，族中多有名人贤士。

汉献帝建安十八年，时苗任安徽省寿春县令。赴任时，他不骑马、不坐轿，乘坐一辆黄牛车前往，当地老百姓称他为“黄牛令”。他在任期间一身正气，两袖清风，为黎民百姓办了很多好事，受到老百姓的赞扬。后来他看到奸臣当道、天下大乱，就弃官还乡。时苗在任寿春县令时，当初拉车赴任的黄牛生一牛犊，他离任时对百姓说：“这头小牛是在你们的土地上生的，非我所有，我不能带它回家。”说毕，就将小牛留下，乘坐牛车而去。夹道送行的父老百姓深受感动，纷纷望尘罗拜。后世将这一清官的美德传为千古佳话，“时苗留犊”的历史故事和成语典故一直流传至今。

sūn 孙

得姓 源头之一源于姬姓，出自春秋初期卫武公之子惠孙；源头之二源于芈姓，出自春秋初期楚国楚庄王的令尹孙叔敖，都属于以先祖名字为氏。

郡望 汲郡、陈留郡、太原府、乐安郡、东莞郡、富春郡等。

堂号 富春堂、映雪堂、乐安堂、平治堂等。

春秋时，陈厉公的儿子叫陈完，他在担任陈国大夫时同太子御寇很要好。御寇被杀后，他怕受株连就逃到了齐国。到齐国后，陈完改姓田，人称田完。

田完的四世孙有两个儿子，小儿子田书，在齐国为大夫，因为伐莒（周代诸侯国）有功，齐景公把他封在乐安（今山东省广饶县北），并赐他孙姓，于是孙书就成了孙姓始祖。

孙姓自商末周初立姓之后，一直发展很好，形成了北多南少的分布格局，而且人口众多。孙姓子孙中有成就的人层出不穷：如《孙子兵法》的作者孙武、楚国令尹孙叔敖、写出《孙膑兵法》的孙膑、医学家孙思邈、中国近现代革命的先行者孙中山等。

秦穆公时期有个叫孙阳的人，对马的研究非常出色，而且善于相马，人们便称他为“伯乐”。

一次，伯乐受楚王的委托，购买千里马。他跑了好几个国家，仔细寻访盛产名马的燕赵一带，辛苦备至，还是没发现中意的良马。那天，伯乐从齐国返回的路上，看到一匹马拉着盐车，很吃力地在陡坡上行进。马累得呼呼喘气，每迈一步都十分艰难。伯乐对马向来亲近，不由走到跟前。马见伯乐走近，突然昂起头来瞪大眼睛，大声嘶鸣，好像要对伯乐倾诉什么。伯乐立刻从声音中判断出，这是一匹难得的骏马。

伯乐对驾车的人说：“你把它卖给我吧。”

驾车人觉得这匹马太普通了，拉车没气力，吃得太多，又骨瘦如柴，认为伯乐是个大傻瓜，毫不犹豫地同意了。伯乐牵走千里马，直奔楚国。伯乐牵马来到楚王宫，拍拍马的脖颈说：“我给你找到了好主人。”千里马像明白伯乐的意思，抬起前蹄把地面震得咯咯作响，引颈长嘶，声音洪亮，直上云霄。楚王听到马嘶声，走出宫外。伯乐指着马说：“大王，我把千里马给您带来了，请仔细观看。”

楚王一见伯乐牵的马瘦得不成样子，认为伯乐在愚弄他，有点不高兴。伯乐却说：“这确实是匹千里马，只要精心喂养，不出半个月，一定会恢复体力。”

楚王一听，有点将信将疑，便命马夫尽心尽力把马喂好，果然，马变得精壮神骏。楚王跨马扬鞭，但觉两耳生风，喘息的功夫，已跑出百里之外。

后来千里马为楚王驰骋沙场立下不少功劳，楚王对伯乐更加敬重了。

wǔ

伍

得姓　伍姓源于芈姓，出自远古黄帝属下臣子伍胥，属于以先祖名字为氏。得姓始祖伍参。

郡望　安定郡、武陵郡、堂邑郡、椒邑郡等。

堂号　安定堂、武陵堂、孝友堂、明辅堂、敦睦堂、务本堂、恩远堂、肇基堂、忳取堂、树德堂、敦叙堂等。

伍姓起源古老，伍氏家族自古以来最早、最重要的发源地在湖南常德。春秋时候，楚庄王有个宠臣叫伍参，是伍胥的后裔。公元前 597 年，楚庄王北上与晋国争霸。他先出兵讨伐郑国，晋国派荀林父救援，两军在邲相遇。楚令尹孙叔敖见晋军势大，主张撤军，楚庄王也同意。这时伍参对庄王说：“晋军内部不团结，号令不统一，元帅荀林父没有威望，楚军只要一进攻，晋军必败。”孙叔敖生气地说：“楚军连年作战，已经疲惫不堪。如果打了败仗，即使杀了你做肉羹，也赎不了你的罪。”伍参笑着回答：“如果打胜了，那就证明你无谋；万一打了败仗，我的肉将由晋人来吃，哪里还轮得上你啊！”接着他仔细分析了楚军的有利条件和晋军的弱点，终于说服楚庄王同意出战，结果楚军获胜。于是楚庄王就封伍参为大夫，伍参便以名为姓，称为伍氏，他的后人们都沿袭伍姓。

伍姓得姓后，后代非常兴旺，族人在全国分布很广。伍姓人中最著名的当属春秋末期吴国大夫、军事家、谋略家伍子胥。

伍子胥当年因为被奸臣所害，被迫逃亡，一路被楚国兵马追赶。这一天，伍子胥慌不择路，逃到长江边上，只见眼前水波茫茫，浩荡无边。后面追兵一步步接近，眼前又有大江阻隔，怎么办？正在焦急万分之时，伍子胥突然看见上游一条小船急速驶来，船上的渔翁连声呼唤他上船。伍子胥上船后，渔翁驾着小船迅速隐入芦花荡中，瞬间便不见踪影。岸上的追兵只得望江兴叹，悻悻而去。追兵离去后，渔翁把伍子胥送到岸边，又给他拿出酒食。饱餐之后，伍子胥对渔翁千恩万谢，问他姓名，渔翁却笑着说："浪迹波涛之人，要姓名何用，你只称'渔丈人'便可。"伍子胥再次拜谢辞行。走了几步，他又转身折回，从腰间解下祖传三世的宝剑七星龙渊，送给渔翁，又再次嘱托渔丈人千万不要泄露自己的行踪。渔丈人接过宝剑，仰天长叹，对伍子胥说道："我搭救你只因为你是国家忠良，并不图任何报答，但你仍然怀疑我贪利少信，我只好以此剑示高洁。"说完，用伍子胥给自己的宝剑横剑自刎。望着老渔翁的尸首，伍子胥悲悔莫名。

xiàng 向

得姓　源于子姓，出自商汤王的后裔，属于以先祖名字为氏。

郡望　河南郡、河东郡、山阳郡；

堂号　河南堂、河东堂、山阳堂、中和堂、淑均堂、竹林堂等。

春秋时期，宋国君主宋桓公的第四个儿子名叫子肸，字向父，其后世代为宋国卿士。子肸的孙子子戎，出任宋国左师，并主掌国政。

公元前546年，子戎约合晋卿赵武、楚令尹子木在宋结盟，谈判修和。此次大会共邀二十余诸侯国参加，使晋、楚借以平分霸权。这次盟会以后，中原各诸侯国在十余年间未再发生较大战争，各国得以安宁生息、积蓄力量。

这在春秋乱世中是非常少见的，子戍也因此名扬列国。

子戍就是以祖父向父之字为姓氏的第一人，因此又称向戎、向子戍，其后裔子孙延续相传，皆称向父氏、向氏，世代相传至今，史称向氏正宗。

向氏是一个多民族、多源流的姓氏群体，得姓后一度在北方发展得尤为昌盛，后经多次迁徙，广布全国各地。说到向姓，我们就会想起《出师表》中的将军向宠，也会想到竹林七贤的向秀，他的《思旧赋》文短情深，是文学史上悼念亡友的代表作之一。

向秀，魏晋人，竹林七贤之一。向秀少年时就以文章俊秀闻名乡里，后来在山涛的引荐之下，结识了嵇康与阮籍。向秀与嵇康关系最密切，嵇康喜欢打铁，于是人们经常可以看到二人在嵇康家门前的柳树下以打铁自娱——嵇康掌锤，向秀鼓风，二人配合默契、旁若无人、自得其乐，同时也为了“自给自足”，补贴一点家用。后来，嵇康因不服晋王司马昭独揽朝政，被诬陷杀害。向秀在嵇康被惨杀后，在统治者的高压下勉强出任官职。一次，他经过好友嵇康的旧居，听到邻人凄恻的笛声，不禁悲从中来，写下了情恳意恻的《思旧赋》，深深悼念嵇康，流传后世。

xióng

熊

得姓　源于芈姓，出自商朝末期鬻熊及其后裔，属于以先祖名字为氏。是中国最古老的姓氏之一。

郡望　江陵郡、豫章郡、秭归县。

堂号　以望立堂的江陵堂、兰溪堂、秭归堂、南昌堂。

鬻熊是商末人，他的先祖是黄帝。因为他才高八斗，学富五车，曾做过周文王的老师，被封为护国侯。鬻熊曾孙熊绎以王父字为氏，称熊氏。熊绎曾在封地荆楚建立楚国，春秋时，楚国一度国力强大，楚庄王为春秋五霸之一。公元前223年，楚国被秦国所灭，国人为了纪念亡国，大多以熊为姓，历史上称这支熊氏为其姓氏的正宗，即湖北熊氏。直至宋代，熊姓仍广泛分布在江西南昌及湖南岳阳一带。到清朝，熊姓已散居全国各地。如今，熊姓分布以湖北、江西、四川、湖南等省为多。

熊姓具有三个明显的特点，一是得姓较早，源远流长；二是族大支繁，遍及全国，到处都有熊氏族人；三是人才辈出，不可胜数，从古至今，历代皆有熊氏的杰出人物，如春秋时期楚国最有成就的君主，春秋五霸之一的楚庄王。

楚庄王即熊侣。当时，楚庄王即位已经三年，白天打猎，晚上喝酒，对国家大事全不放在心上。他知道大臣们对他不满意，就下了一道命令："谁要是敢劝谏，就判他的死罪！"

有个名叫伍举的大臣对庄王说："我有个谜请大王猜猜。"庄王说："你说吧。"伍举说："楚国有一只大鸟，身披五彩，可是一停三年，不飞也不叫，这是什么鸟？"

楚庄王说："这不是普通的鸟，这种鸟不飞则已，一飞将要冲天；不鸣则已，一鸣将要惊人。你去吧，我已经明白了。"

从那天开始，楚庄王振作起来，认真治理国家，楚国也渐渐强大起来。最后，这个一鸣惊人的楚庄王成了春秋五霸之一。庄王之前，楚国一直被排除在中原文化之外，自庄王称霸中原后，不仅使楚国强大，威名远扬，也为华夏的统一、民族精神的形成发挥了一定的作用。

yú

鱼

得姓　出自子姓，是商汤的后裔，属于以先祖名字为氏。
郡望　雁门郡、冯翊郡。
堂号　雁门堂、冯翊堂、灵渠堂。

鱼姓在中国并不是一个常见的姓氏，但却是中国较为古老的姓氏之一。春秋时，宋襄公的弟弟公子眱，字子鱼。宋襄公想当中原霸主，约会齐、楚等国在盂会盟，临行前子鱼说："楚人不讲信用，我们应该带军队作警卫。"宋襄公却认为已约好大家都不带军队，不听劝告，结果在会上被楚人扣留。子鱼逃回宋国，组织宋人抵抗，迫使楚王放回襄公。不久宋、楚两国又在泓水交战，子鱼劝襄公趁楚军半渡而击，襄公认为这样做不道德，不同意。等楚军一切准备就绪，弱小的宋军就吃了败仗，最终宋军一败涂地。战后子鱼批评襄公说："打仗就应当尽一切办法战胜敌人。假如你在作战时讲仁义，那就只有投降了。"子鱼论战因此名垂青史。后世子孙有一支以祖父的字为姓，史称鱼姓。

鱼姓家族在中国早期历史上表现不俗，《左传》就载有官拜右师的鱼石；汉时有渔翁叔，以业贾致富而传名；三国时有史学家鱼豢（huàn），官拜右将军的鱼遵；唐中叶有权倾当朝的大宦官鱼朝思；宋有御史中丞鱼周恂等。

鱼孟威，是唐朝著名官吏。公元 868 年，鱼孟威任桂州刺史。当时距离前任李渤修灵渠已有四十三年，渠道损毁严重，往来船只通行十分艰难。鱼孟威负责主持修浚灵渠，一改前人用"束条"、"散材"的做法，铧堤全部用大石块堆积，长达四十里，又用大坚木做成木桩植立为陡门，并增加到 18 重。修浚工程历时一年多，竣工后的灵渠更加巩固，史书记载"防阨既定，渠遂汹涌，虽百斛大舸，一夫可涉"。在《重修灵渠记》中，鱼孟威还建议常加修浚，以利国计民生。后人感念他的功劳，将他列为修渠“四贤”之一，还以“灵渠堂”作为鱼姓堂号，以纪念他的功绩。

yú
余

得姓　源于姬姓，出自春秋时期秦国御医由余之后，属于以先祖名字为氏，得姓始祖由余。由、余二氏同宗同源，史称余氏正宗，读音作 yú。

另外源于姒姓，属于帝王赐姓为氏，读作 xú，是非常古老的姓氏之一；以居邑名称为氏，读作 xié。

郡望　新安郡、下邳郡、吴兴郡。

堂号　下邳堂、清严堂、忠惠堂、八贤堂。

春秋时期，秦国有个宫廷御医叫由余，其祖先原为晋人，逃亡入西戎（古代西北少数民族的泛称）。由余最初在西戎任职，后来奉命出使秦国时，见秦穆公贤德大度，便留在秦国做官，很得穆公信任。当时秦作为众多诸侯国之一，其地位并不显要。由余为上卿后，不出穆公所望，帮助秦穆公谋划攻伐西戎之策。公元前 623 年，秦穆公采用由余之计，率军先攻占北地郡和陇西地区，割裂了西戎诸部落之间的联系，之后逐个击破，灭掉了西戎十四国，开辟土地千余里，使秦国成了春秋时期的西方霸主。秦穆公因由余有功，就赐封其为秦国上大夫。由余为秦国富强、统一天下奠定了坚实的基础，他的后人引以为荣，就以他的字余为氏，尊其为余姓的得姓始祖。

余姓自得姓后，繁衍发展得很快，后代中名人不少，如南宋宰相余端礼、南宋名将余玠、清代文学家余怀，为人熟知的当属北宋的余靖。

北宋的余靖是当时著名的“庆历四谏官”之一（谏官：中国古代官职之一，是对君主的过失直言规劝并使其改正的官吏）。范仲淹一向敢于上书言事，他曾精心绘制了一张《百官图》，进献给仁宗，指明近年官员升迁中一些不正常之举，并提醒仁宗不能把官员任免全权委托宰相。这一行为引起当时的宰相吕夷简的不满与诽谤，不久，范仲淹就被贬到饶州。这时余靖挺身而出，为范仲淹辩白，并告诫仁宗："陛下你从执政以来，已经三次贬逐了那些敢于对你直谏的臣子，这样下去，恐怕不是让天下太平的政策呀。"仁宗非但不听，还把余靖贬为监筠州酒税。当时西京留守推官蔡襄听说此事，就作了一首《四贤一不肖》（"四贤"指的是范仲淹、余靖、尹洙和欧阳修，后三人皆因为了范仲淹申诉被贬），大大赞扬了余靖的胆识和气概，一时传诵四方。余靖因此声名大增，民望甚高。

yuán 袁

得姓 出自妫姓，属于以祖先名字中的字为姓氏。得姓始祖辕告。
郡望 陈郡、汝南郡、河南郡、彭城郡。
堂号 卧雪堂、守正堂、弗过堂、陈郡堂、汝南堂、介祉堂等。

袁姓是舜的后裔，出自妫姓。周武王灭商朝以后，将舜的后人妫满（史称胡公满）追封在陈地。胡公满的十三世孙辕涛涂（也作袁涛涂）封在阳夏（今河南太康），以其祖父庄爰的字为姓。袁氏自立姓之后，一直为陈国的大夫。后来辕涛涂的裔孙辕告在黄河、洛河之间避难，他的子孙就以袁为氏，正式普遍地使用袁姓，辕告也成了袁姓的始祖。

在南北朝时期，袁姓家族人才辈出，风光显贵了一千余年，一直为世人所敬仰。东汉时期的袁安就很有贤名。他早年客居洛阳，一年冬天，洛阳令冒雪去访他。一到门口，就发现他院子里的雪很深，人都无法进入。洛阳令就叫随从扫出一条通路，这才进到袁安屋里。一进门，看到屋里一片冰冷，

周瑜打黄盖

袁安正冻得蜷缩在床上发抖。洛阳令问:“这么冷的天，你家里没有柴火，为什么不去找亲戚，求他们帮助一下呢？”袁安说:“大家的日子都不好过，又是大雪天，我怎么好去打扰人家？”洛阳令佩服他的贤德，举他为孝廉（即孝子廉吏，是功名，有功名便可实授官职），史书上也留下了“袁安困雪”的典故，袁姓堂号“卧雪堂”也由此得名。

zhōu
周

得姓　姓源复杂的姓氏，多以先祖名字中的“周”为姓氏，是非常古老的姓氏之一。后稷是古代周族的始祖。

郡望　汝南、庐江、寻阳等。

堂号　除了与郡望同名的堂号外，还有爱莲堂、细柳堂、笃祜堂等。

相传黄帝的儿子后稷，姓姬，本来居住在邰（今陕西武功县西南）。商朝后期，游牧民族戎和狄族不断侵袭他们，使得从事农业为生的周人无法安居。于是古公亶父就率领族人迁往周原（今陕西渭河平原一带），开荒耕种，兴建宗庙和宫殿，还修了坚固的城墙，从此称周族。后稷是古代周族的始祖。周公东征胜利后，大规模分封诸侯，其中姬姓国就有 53 个。这些姬姓国的后人大多改以国名、地名及祖父名号为姓氏。

周姓是全球华人十大姓之一，周姓名人更是数不胜数，范成大誉之为“世间豪杰英雄士、江左风流美丈夫”的周瑜便是其中之一。

周瑜是东汉末年名将。诸葛亮草船借箭以后，与周瑜一起提出了火攻曹操水军大营的作战方案。恰在此时，已投降曹操的荆州将领蔡和、蔡中兄弟，受曹操的派遣，来到周瑜大营诈降。周瑜将计就计，接待了二蔡。他暗中与黄盖商定，要利用二蔡对曹操实行诈降计。

第二天，周瑜召集诸将于大帐之中，他命令诸将做好三个月破曹的作战准备。黄盖却打断周瑜的话茬，认为一个月能打败就打，不然干脆束手投降。

周瑜闻听这种动摇军心的投降论调后，勃然大怒，喝令左右将黄盖推出帐外，斩首示众。黄盖以江东旧臣的资格倚老卖老，根本就没把周瑜放在眼里。周瑜怒不可遏，命手下将黄盖从速斩决。一众文武官员齐齐为黄盖讨饶。看在众人的面子，周瑜这才松了口，将立即斩决改为重打 100 脊杖。周瑜和黄盖导演的双簧苦肉计，几乎瞒过了所有的文武官员。

事后，黄盖请素有忠义和胆识的密友阚泽替自己去曹营代献诈降书信。能言善辩的阚泽，最终使曹操不得不信。恰在此时，蔡中、蔡和两人也遣人送来了周瑜怒杖黄盖的密报。阚泽离开曹营回去之后，又使人给曹操带去了密信，进一步约定了黄盖来降时的暗号和标识。这期间，蔡和、蔡中也从江南岸为曹操暗通消息。这一切，做得天衣无缝，更使曹操对黄盖“投降”一事深信不疑了。

后来的赤壁之战中，曹操因为深信黄盖的投降，被周瑜的军队打得溃不成军，曹操率部队逃至华容道，被关羽放了一马，才退回北方。

周瑜打黄盖后来演变成一条歇后语：周瑜打黄盖——一个愿打，一个愿挨，用以比喻两方面都愿意的事情。

zhū

朱

得姓 源于祁姓，出自远古尧帝之子丹朱的后裔；源于朱氏族，出自远古帝喾时期大臣朱虎之后裔；源于子姓，出自宋微子启的后裔公子朱之后，三种起源都属于以先祖名字为氏。

郡望 沛郡。

堂号 听彝堂、垂裕堂、敦睦堂、白鹿堂、居敬堂、折槛、凤阳堂等。

古帝颛顼的玄孙陆终有六个儿子，第五子名安，大禹曾赐他曹姓。周武王灭商之后，就封曹安的后裔曹挟在邾国（今山东曲阜附近），曹挟建立了邾国，附庸于鲁国。战国时，邾国被楚宣王所灭，邾国贵族以国为氏，就是邾氏，后邾国君主支庶子孙去邑以朱为氏。朱挟就是朱姓的受姓始祖。此支朱氏世居沛国相县，是为江苏朱氏。

朱姓是一个古老、多民族、多源流的姓氏群体，属于超级大姓系列，是中国人口最多的二十大姓之一。也因如此，朱姓中的名人也很多，遍及社会多个领域，成绩斐然。如东吴将领朱然、唐朝宰相朱敬则、医学家朱肱、理学家朱熹、大明开国皇帝朱元璋、文学家朱自清、美学家朱光潜、中国近代地质学的奠基人朱家骅、共和国的缔造者之一朱德等等。

明太祖朱元璋喜欢写春联，而且号召百姓过年贴春联，以增添节日的喜庆气氛。

又是一年除夕，朱元璋带着文臣微服出巡，顺便察看百姓贴的春联。夜深人静，正好路过一家姓牛的牛贩子家门口，见这一家未贴春联，朱元璋便敲门进屋问问缘由。原来，牛贩子因为忙着做生意，回家的时候，天色已晚，还没来得及写对联呢。这不，刚刚请了一位私塾先生，正在家里帮他写春联呢。

私塾先生已经想了几副春联，可牛贩子都不大满意，虽然时候不早了，两人还在一句一字地斟酌。

朱元璋小时候放过牛，恰好牛贩子又姓牛，他稍加思索，就想出了一副佳联，然后大笔一挥写了下来：

满堂生无底

全家午出头

私塾先生看罢，在一旁拍手称好，而牛贩子却莫名其妙。等朱元璋走后，私塾先生慢慢说出缘由。牛贩子听了之后高兴得合不拢嘴，高高兴兴地把它贴在了大门上。

原来，这副对联的上下联谜底都是“牛”字。

【第三种：以封地名为姓氏】

这也是人数众多的一类分支。远古时代，帝王常常以分封食邑的形式来奖励那些有功之臣和亲信。这些食邑的所有者将其传至子孙后代，有些就被后代作为家族姓氏，以此纪念先祖的荣耀。

邬、丙、卫、应、葛、平、酆、易、祁、臧、庞、蓝、麻、路、梅、樊、管、卢、房、解、单、诸、嵇、裴、羊、封、靳、邴、富、蓬、宁、栾、蓟、蒲、蔺、蒙、莘、堵、郄、通、浦、温、晏、阎、暨、步、匡、蔚、聂、冷、阚、空、沙、乜、养、盖、上官、欧阳、令狐、涂、段干、百里、羊舌、缑、况、梁丘、索，均属于以封邑名称为氏。

在这些姓氏中，最值得一提的就是酆氏。这是典型的汉族姓氏，三千年以来，“酆”字在笔画和结构上没有发生过任何变化，是相当古老的姓氏。虽然酆氏人口比较少，在中国历史上也比较低调，但是作为酆氏的人引以为自豪的是：酆氏代表了姬姓血脉的“纯正”。

在百家姓中，源于此种得姓方式的姓氏还有：方、尹、陆、冯、常、马、华、韩、沈、何、戚、苏、范、苗、卞、平、蔡、崔、叶、白、阎、廖。

bái

白

得姓 源自芈姓，汉族白姓出自颛项帝的裔孙白公胜之后，属于以封邑名为氏。

郡望 太原郡和南阳郡。

堂号 治生堂、香山堂、南阳堂等。

公元689年前后，楚惠王即位，下令把躲至吴国避难的熊胜召回国，任巢大夫，封在白邑，称为白公胜。白公胜一直着手改革朝政以争取民心，但以失败告终。他自杀后，他的子孙就以祖辈封邑为氏，称白氏，也有以“白公”、“白侯”为氏的。

白氏是一个非常典型的多民族、多源流的姓氏群体，在当今姓氏排行榜上属于大姓系列，历史上白氏虽历经迁徙，但仍为一典型北方姓氏。白姓名人辈出，有被尊为商人“祖师爷”的白圭、秦国大将人称“战神”的白起、唐代大诗人白居易、元代著名的戏曲家白朴、明代杰出的水利专家白英、当代热心公益事业的老人白方礼等。

一提起白居易，我们就会想到他是一位著名的诗人，其实，白居易不仅以诗名世，还是一位清廉勤政的官员。他在杭州任刺史期间，从不向民间索取任何名贵物品。想不到离任回家后，他发现自己做了一件错事，于是写了《三年为刺史》以示“检讨”：“三年为刺史，饮冰复食蘖。唯向天竺山，取得两片石。此抵有千金，无乃伤清白。”原来，白居易在游天竺山时，发现有两块山石玲珑可爱，便带了回家。他的老朋友刘禹锡读到此诗时十分诧异：“区区两块小石头，你何必放在心上呢？还写诗责怪自己，不值得，不值得！”白居易却说：“区区小石头说明不了什么。可它仅仅属于天竺山，我怎么能据为己有呢？再说，倘若每一个来天竺山游玩的游客都把天竺山的石头带回家，那哪里还有天竺山秀美的景色呢？虽说当时我只是想把它们带回来作纪念，现在看来，就像是我贪污了杭州人民的千两黄金，怎能不让我感到自责呢？”一席话说得刘禹锡连连点头。白居易这种“慎微”的律己精神，不仅使刘禹锡折服，也让我们肃然起敬。

biàn
卞

得姓　源于姒姓，出自夏王朝名士卞随；源于姬姓，出自周文王第六子叔振铎的支庶子孙卞庄子之后，属于以封邑名为氏。

郡望　济阴和济阳。

堂号　济阴堂、济阳堂、证璞堂、忠贞堂、传胪堂。

在夏、商之际，有个叫卞随的贤士，因不满夏桀的荒淫暴虐统治而隐居到了稠（今陕西高陵泾渭二河合流处）。汤与大宰伊尹计确定了谋攻伐夏桀之时，曾想方设法找到了卞随，与之商量伐桀之事，卞随却拒不回答。至公元前十六世纪“鸣条之战”，商汤战胜了夏桀后，建立了商王朝，再一次找到卞随，要让天下给卞随。卞随认为自己遭遇到了最大的麻烦，说：“我因反对夏桀暴虐而避隐，当初你制定好伐夏的计划再来找我商议，那是为了把谋反的罪责推在我身上；现在你得了天下又扬言要让给我，那是为了借我来表白你没有独占天下的私心。我不幸生于乱世，又有这些不讲道理的人一再让我蒙受羞耻，我不能再忍受污辱了！”说完就投稠水而死，令商汤很是感慨。之后，卞随的后裔子孙，就以先祖名字为姓氏，称卞氏、随氏，形成了较早的卞、随二氏一族。

除卞氏得姓始祖卞随外，各朝各代均有卞氏族人名留史册，如晋代政治家卞壶、宋代学者卞大亨、元代画家卞仲子、元代诗人卞思义、明代文学家卞荣、清代棋师卞立言、新月派代表诗人卞之琳等。春秋时的楚人卞和献和氏璧的故事更是家喻户晓。

楚国有个名叫卞和的人得到了一块含有宝石的石头。他捧着宝石去献给楚厉王。楚厉王让王宫里的玉石匠鉴别，玉石匠粗略地看了一下便说：“这是一块普通的石头。”厉王认为卞和有意欺骗他，下令砍去了卞和的左脚。厉王去世，武王登基，卞和再次捧着玉石去献给武王。武王又命令玉石匠鉴别，玉石匠还是说：“就是一块石头啊！”武王又下令砍去了卞和的右脚。武王去世，文王登基。卞和听说以后，便抱着那块玉石，在楚山下痛哭了三天三夜。文王听说了这件事，便派遣使者赶到楚山脚下，问卞和为什么哭得这样悲伤。卞和回答：“我不是为了被砍去的双脚而悲伤，我是痛心宝玉被人当成了石头，坦诚忠贞的人被当成了骗子。”文王听了使者的汇报，便命令玉石匠将那块石头剖开，果然得到了一块价值连城的宝玉，于是文王便将那块宝玉命名为“和氏之璧”。

jì

蔡

（读作 jì，亦可读作 cài）

得姓 源于姞姓，出自黄帝支裔姞姓封地，属于以封邑名称为氏，古读音作 jì，今读 cài 亦可。

郡望 济阳郡、洛阳郡、汝南郡、丹阳郡、高平郡、朔方郡、南阳郡。

堂号 除以望立堂的洛阳堂、济阳堂、汝南堂、丹阳堂、高平堂、南阳堂、朔方堂外，还有九峰堂、龙亭堂。

周武王灭商后，将弟弟叔度封于蔡（今河南上蔡西南），建立蔡国，与兄管叔鲜、弟霍叔处共同监督被封在商朝旧都的殷纣王之子武庚禄父，管理殷商遗民，史称“三监”。武王死后，周成王年纪太小，周公旦（武王的弟弟，又称周公）因此临朝摄政。管叔、蔡叔对此不满，联合武庚及东方夷族进行反叛。后被镇压，武庚、管叔被杀，蔡叔遭放逐，不久，死于迁所。蔡叔的儿子胡，与父亲的反叛行为决裂，遵守文王的德训，与人为善。由于胡在鲁政绩卓著，周公奏请成王，复封胡于蔡，以奉蔡叔之祖，是为蔡仲。公元前447年被楚国攻灭，王族子孙和国民散居于楚、秦、晋等各诸侯国，皆以故国名为姓氏，称蔡氏，世代相传至今。

蔡姓历代名人均可圈可点，如大家熟悉的造纸术的发明者蔡伦、近代杰出的军事领袖蔡锷、教育家蔡元培、革命家蔡和森等。东汉时期的蔡邕、蔡文姬父女也是其中的佼佼者。

蔡邕，东汉时期著名文学家、书法家，十分精通音律。蔡邕在吴地时，曾听到一块桐木在火中爆裂的声音，知道这是一块好木材，于是把它从火中拣出来做成琴，音色非常美妙，但是木头的尾部被烧焦了，所以当时人们叫它焦尾琴。蔡邕住在陈留时，有一次，他的邻居准备了酒菜请他来赴宴，他去的时候邻居已经喝得兴起了。座上有个客人在屏风后面弹琴，蔡邕到了邻居门口悄悄一听，说："啊！用音乐招我来却藏有杀心，怎么回事？"于是回去了。请他的人告诉主人说："蔡先生刚来，到门口又走了。"蔡邕向来被乡里人尊崇，主人赶紧追赶并问起原因，蔡邕把事情都告诉了他，大家都感到扫兴。弹琴的客人说："我刚才弹琴的时候，看见一只螳螂正要扑向鸣蝉，蝉将飞走还没有飞走，螳螂的动作一前一后。我心里有些担心，唯恐螳螂丧失了机会，这难道就是所谓的杀心流露到音乐中来吗？"蔡邕笑着说："刚才的事情不是已经表明了吗？"

chánɡ

常

得姓 源于姬姓，出自周武王姬发的同母少弟卫国康叔之后和春秋时期吴国君主之后，属于以封邑名称为氏。

郡望 太原郡、平原郡、江原郡、河内郡、武威郡。

堂号 知人堂、全吉堂、太原堂、积善堂、受宜堂、学古堂等。

康叔为周武王少弟，周武王灭商后，封其弟于康邑，故人称康叔封，亦称康叔。周初，周公（武王之弟）又将原来商都周围地区和殷民七族封给康叔，建立了卫国。周公大肆分封诸侯时，诸侯也跟着大肆分封采邑。期间，卫康叔把他的一个儿子封邑在常（今山东滕县东南）。秦统一天下，卫国灭亡后，其后裔有以国为氏姓卫，也有以邑为氏姓常的，史称常姓正宗。

常姓历史悠久，人才济济，明朝开国名将常遇春就是其中一位。

公元 1359 年，朱元璋攻取金华后，派遣大将军常遇春进兵攻取衢州。常遇春率部一路杀将而来，首先攻取了龙游城，当他率领马、步、水三军到达衢州城下时，只见衢州城城垣壁垒森严，固若金汤。常遇春便率部在城下树栅栏，建奉天旗，从陆上、水上将衢州 6 座城门团团围住。常遇春又造吕公车、长木梯、懒龙爪等攻城军械，并在大西门城下“穴地道攻之”。攻守双方交战激烈，常遇春久攻不克。最后，常遇春以奇兵出其不意地突入城中，摧毁了守城所架之炮，元军支持不住只好投降，迎常遇春大军入城。这样，元军甲士万人，才迅速崩溃，元朝在衢统治势力荡然无存。

cuī

崔

得姓 源于姜姓，出自西周时齐国君主齐丁公伋嫡长子季子的封地，属于以封邑名称为氏。

郡望 清河郡、博陵郡、汞阳郡。

堂号 清河堂、汞阳堂、阳丘堂、噤李堂、博陵堂。

相传姜太公之子在周成王时为齐丁公。齐丁公的嫡子季子本该继承齐国国君之位，却让位于其弟叔乙，自己食采于崔邑（今山东章丘市西北），他的后人以邑为氏，称为崔姓，并尊仁爱有德的季子为崔姓得姓始祖。

崔姓是中国、朝鲜和韩国的姓氏之一，历代名人有清官崔篆、文学家崔骃、书法家崔瑗、政论家崔寔、诗人崔颢、崔护等。

崔颢，唐代诗人，才思敏捷，其作品激昂豪放，气势宏伟，最有名的一首当属《黄鹤楼》——昔人已乘黄鹤去，此地空余黄鹤楼。黄鹤一去不复返，白云千载空悠悠。晴川历历汉阳树，芳草萋萋鹦鹉洲。日暮乡关何处是，烟波江上使人愁。

传说李白壮年时到处游山玩水，在各处都留下了诗作。当他登上黄鹤楼时，被楼上楼下的美景引得诗兴大发，正想题诗留念，忽然抬头看见楼上崔颢的题诗，连称“绝妙！绝妙”。相传李白写下了四句“打油诗”来抒发自己的感怀：“一拳捶碎黄鹤楼，一脚踢翻鹦鹉洲。眼前有景道不得，崔颢题诗在上头。”便搁笔不写了。

fàn

范

得姓 出自祁姓，为帝尧陶唐氏裔孙刘累之后，属于以封邑名为氏。

郡望 南阳郡、高平郡、敦煌郡、汝南郡、河内郡、山阳郡、外黄县等。

堂号 除以望立堂的南阳堂、高平堂、钱塘堂、敦煌堂、汝南堂、河内堂、山阳堂、外黄堂外，还有后乐堂、芝本堂、鸡黍堂、永思堂、崇本堂、敦本堂、积善堂、忠恕堂、经义堂、逵道堂。

范氏比许多其他姓氏更特殊的地方，就是对于自己姓氏的来龙去脉十分清楚。范氏起源于河南省濮阳市范县高码头乡老范庄村，乃黄帝直系后裔，在尧为伊祁氏，在舜为陶唐氏，在夏为御龙氏，在商为豕韦氏，在周为唐杜氏。

4000多年以前，尧的一支子孙历经虞、舜、夏、商诸代，都称为唐杜氏，入周被改封于杜，不久被周宣王所灭。当时杜伯的儿子就跑到晋国，被任为士师，他的儿子士蔿（wěi）以官名为氏，子孙称为士氏。传到他的曾孙士会的时候，做了晋国的上卿，执掌国政。士会后来得到范邑，于是他的子孙也按照当时“以邑为氏”的习惯，统统姓了范，一直繁衍到现在。

得姓以来，范姓繁衍发展得很快，从古至今，范姓名人层出不穷。春秋时期的范蠡是其中为人熟知的一位。

范蠡辅佐越王勾践，终于使得越国复兴，一举吞灭吴国。胜利后，越王封范蠡为上将军。可范蠡知道勾践乃可共患难不能共富贵之人，于是放弃高官厚禄，只装少量珠宝，一去不返。

范蠡辞官后，到了齐国，更名改姓，亲自率领儿子们耕作于海边，同治产业。由于经营有方，没有多久，产业竟然达数千万钱。齐国人仰慕他的贤能，请他做宰相。范蠡却喟然叹道：“居官致于卿相，治家能致千金，这都是布衣百姓能达到的极致了；久受尊名，终不是什么好事！”于是，他把家财都分给亲友乡邻，只带着最值钱的珠宝，从小道离开了齐国，来到了陶，变姓名为陶朱公。由于陶的地理位置很好，往来贸易非常发达，范蠡便做起了买卖，没有几年，又置下了千金的产业。天下人都称赞陶朱公是最会做买卖的人。

fāng 方

得姓 源于姜姓，出自远古帝王神农氏裔孙雷之后，属于以封邑名为氏。

郡望 河南郡、新安郡。

堂号 除正学堂外，还有河南堂、六桂堂、敦本堂、观礼堂、溯源堂等多个堂号。

据史籍《风俗通义》等记载，相传上古帝王神农氏的第8代孙帝榆罔之子雷，在黄帝与蚩尤大战之时立下大功，被封于方山，就自称方雷氏，其后子孙有以封邑为氏姓方，至今有近4700年的悠久历史。

千百年来，方氏族人在迁徙繁衍的过程中，形成了多个郡望支派，个中名人自是不少，比如，雄霸清朝文坛两百多年的桐城散文派创始祖师方苞。

方苞，清代散文家，与姚鼐、刘大櫆合称“桐城三祖”。

方苞幼年时聪颖过人，四五岁即能对对子、诵章句，七岁读《史记》，十岁开始读经书古文，都能背诵如流。有一天，方苞在野外玩耍，时值乡村五月农忙时节，男女老少在田野拔秧、插秧。田头一个拔秧的农夫一边用稻草捆秧，一边念道：“稻草扎秧父抱子。”方苞听了，伫足田头。农夫见是一小孩站在这里，口里又念了刚才的一句，笑着问方苞：“你能对出下联吗？”方苞认真想了想，自言自语道：稻草，父也；秧，子也。他抬头看见不远处的竹林里，几个妇女正把竹笋投入竹篮里，他眉毛一扬，自信地点点头，高声对道：“竹篮装笋母搂儿。”农夫听后惊喜不已，夸方苞真是个“神童”。

féng

冯

得姓 出自归姓，为冯简子之后。春秋时期，郑国大夫简子（归姓）被郑简公封于冯地，遂以封邑而得氏，为该支冯姓第一人。

郡望 颍川郡、上党郡、京兆郡、弘农郡。

堂号 以望立堂有颍川堂、上党堂、京兆堂、弘农堂等。其次还有市义堂、始于堂、同舆堂等。

传说春秋末期，郑国有个大夫叫简子，他的先祖就是“周初四圣”之一的毕公高。史传简子是个小事糊涂但大事明断的天才。当时郑国执政的是春秋时的名相子产，但子产在大事上往往有些优柔寡断，所以每当处理大事，子产都要冯简子拿主意。两人因为配合默契，互相取长补短，使郑国在战火纷飞的年代能保持相对的安全。郑王将冯地（河南荥阳西）封给他为食采，人称冯简子，后去邑为冯氏，冯简子的后代就以封地为姓，奉冯简子为冯姓始祖。

冯姓得姓后，各朝各代都有不少名人贤臣，如战国时的冯驩（huān）、西汉的冯奉世、南唐著名词人冯延巳、元代散曲家冯子振、明代文学家戏曲家冯梦龙、清末爱国名将冯子材、民国时期的著名将领冯玉祥、民族女英雄冯婉贞等，都对当世产生了不小的影响。

冯玉祥是近代爱国将领，曾任抗日同盟军总司令，多次击败日寇，收复许多失地。新中国成立前夕，他因乘船失火，受伤身死。

冯玉祥读书十分用功。他当士兵时，一有空就读书，有时竟彻夜不眠。晚上读书时，为了不影响他人睡觉，他就找来个大木箱，开个口子，把头伸进去，借微弱的灯光看书。冯玉祥担任旅长时，驻军湖南常德，规定每日早晨读英语 2 小时。每当学习时，他就关上大门，门外悬一块牌子，上面写“冯玉祥死了”，拒绝外人进入。学习完毕，门上字牌则换成“冯玉祥活了”。

汉初三杰韩信
丙申年於三静書屋姚刚作

hán

韩

得姓　出自姬姓，属于既以邑为氏也以国为氏，为唐叔虞之后裔，韩侯为其得姓始祖。

郡望　颍川郡、南阳郡、昌黎郡。

堂号　泣杖堂、昌黎堂、颍川堂、南阳堂等。

黄帝时代是我国父系氏族社会的鼎盛时期。黄帝的后裔昌意后来被贬谪到若水，生子韩流，后来又生下了五帝之一的颛顼（zhuān xū）。韩流氏族是从昌意族中分化出来的，这个氏族便以韩为姓，第一批韩姓人由此产生。韩流既是人名，也是其所在氏族的名称。

韩姓属大姓，名人辈出，且有众多贤才名士，像战国末期法家韩非、汉初三杰韩信、唐朝文学家韩愈、唐朝宰相韩瑗、北宋开国名将韩令坤、宋朝名臣韩彦直、韩家军统领韩世忠、元末红巾军领袖韩山童等。

韩信帮助刘邦打江山时，被刘邦封为“三齐王”，就是与天王齐，与地王齐，与君王齐。还被封为“五不死”，就是见天不死，见地不死，见君不死，没有捆他的绳，没有杀他的刀。刘邦坐了江山后，却怕韩信势力大，压了自家的天下，就想杀死韩信，可是自己亲口封了韩信“三齐王”、“五不死”，怎么杀他呢？他想了个杀韩信的办法并告诉了吕后。吕后召韩信进宫，对韩信说：“你犯下了谋反罪，君王叫我杀你。”韩信说：“那不行，君王封我五不死的，这事我得当面和君王说说。”吕后说：“你见不着君王了，你看看你在什么地方？”韩信一看周围阴森森的，往上看顶棚遮得严严的看不见一丝天，往下看地上铺着毯子，看不见一点点地，又见不了君王，心里不由叫苦。没等韩信分辩，吕后又说：“君王封你‘五不死’，我们都按君王的意思办了。我知道你还要说‘没有捆你的绳，没有杀你的刀’，这些我们都不用。”说完，一挥手，两旁几十名宫女个个手拿棒槌，一拥而上，团团围住韩信，一阵乱打，把韩信活活打死了。韩信功高于世，最后却落得个夷灭宗族的下场，令人无限同情和感慨。

hé
何

得姓　出自姬姓，属于以封地为氏。
郡望　庐江郡、陈郡、东海郡、郫县、扶风郡、丹阳郡、齐郡。
堂号　水部堂、四友堂、忠孝堂、庐江堂。

韩武子是周成王的弟弟姬唐叔虞的后代，在晋国做官，被封在韩原，于是就以封地“韩”为姓氏。后来韩与赵、魏三家一起瓜分晋国，成为诸侯。秦始皇灭六国时，韩姓家族的后裔遁逃往江淮之间。在江淮方言里，“韩”的读音变成“何”音，于是韩姓就讹变为“何”姓。因此，自古就有何韩一家的说法。

何姓在漫长的繁衍过程中，所出名人浩如繁星，如古代的东汉大将军何进、东汉杰出经学家何休、南朝诗人何逊、宋朝天文学家何承天、明朝复古派文学家何景明、近代的辛亥革命元老何子渊、早期改良派政论家何启、中国共产党早期领导人何叔衡、民主革命活动家何香凝等。

三国时的何晏，是魏晋玄学的主要创始者之一。相传他七岁时，就已经出奇的聪明，魏武帝曹操特别喜爱他，由于何晏住在王宫中，所以曹操想收他做自己的儿子。何晏便在地上画了一块方格，自己待在里头。有人问他为什么这样做，他回答说：“这是何家的房舍。”魏武帝知道这件事后，随即把他打发出了王宫。虽然当时何晏的母亲已经改嫁曹操，但他却拒绝曹姓而坚持姓何，自小就有自尊倔强的性格。也正是由于这个缘故，太子曹丕特别讨厌何晏，登基称帝之后，也一直压制何晏，使他空有满腹经纶而无用武之地。

huà

华

得姓 源于子姓，出自春秋时期宋国宋戴公封子孙于华邑；源于姒姓，出自夏朝仲康封观于西岳华山，属于以居邑名为氏。

郡望 武陵郡、平原郡、沛国。

堂号 除以望立堂的武陵堂、平原堂、沛国堂外，还有本仁堂、存裕堂、诒谷堂、亨叙堂、培元堂等。

华督，是春秋时宋国人。当时的国君宋殇公在位时战乱频起，宋国百姓叫苦连天。公元前701年，任太宰的华督煽动民众杀死大夫孔父嘉，宋殇公听说此事后非常震怒，要治华督的罪，华督非常害怕，他一不做二不休，索性把宋殇公也杀了，然后从郑国迎回公子冯为宋庄公，自任为相。后来华督自立为华姓，后世子孙遂称华姓。

华姓名人众多，群星闪烁，得姓以来，世代显达，两晋以前北方名人众多，南北朝以后南方华姓显贵，被称为“外科鼻祖”的东汉末年神医华佗最为人熟知。

三国初期的时候，有一次，关羽攻打曹操，右臂被毒箭射中。后来，伤口渐渐肿大，十分疼痛，多方诊治，始终无效。一天，关羽和他的部将正在发愁，医生华佗前来进见。关羽说：“您如果能把我的右臂治好，我将感激不尽。”华佗说：“我正是为此而来。办法倒是有，只是怕您忍受不了疼痛。”关羽听后笑了笑说：“我是一个久经沙场、出生入死的军人，千军万马尚且不怕，疼痛有什么了不起！”华佗说：“那就好了。您中的箭是乌头毒箭，现在毒已入骨。我准备在房梁上钉上一个铁环，把您的右臂伸进铁环中去，再把您的眼睛蒙上，然后给您动手术。”关羽说：“不用什么铁环，您就给我治吧！”

第二天，关羽设宴犒劳华佗。饮宴完毕，关羽一边和谋士对弈，一边袒胸伸出右臂。华佗抽出消过毒的尖刀，割开关羽的胳膊，骨头已变成青色。他用刀“咔嚓咔嚓”地将骨头上的箭毒刮净，而后缝合复原，敷上药，包扎好。手术后，关羽站起来对华伦说：“现在我的右臂不疼了，您真是妙手回春啊！”

liào 廖

得姓　起源于己姓，是以封地名命名的姓氏。

郡望　汝南郡、巨鹿郡。

堂号　武威堂、世彩堂、汝南堂、果烈堂、中乡堂、紫桂堂、万石堂、清武堂、清河堂、知本堂、本思堂、五桂堂、慕维堂等。

帝颛顼相传生于若水，居于帝丘（今河南省濮阳东南），是南方楚国的先祖，其后裔叔安夏朝时受封于飂（古廖字）国，故称飂（廖）叔安。春秋时，廖国被楚所灭，国人以国名飂为氏，称为廖姓，廖叔安作为始封国君，被尊为廖姓始祖。

廖姓名人横贯政、经、文、史等领域，尤其近现代史上表现出色。廖姓名人主要有：始祖廖叔安、远祖廖爽公、三国蜀汉将军廖化、征南将军廖永忠、国民党左派领袖廖仲恺、中国杰出的政治家廖承志（廖仲恺之子）等。

廖纪是明代杰出政治家、儒学家，是海南历史上两个进入朝廷权力中枢的一品重臣之一，官至吏部尚书。廖纪小时以乞丐为业，靠讨饭糊口，但很聪明。他讨饭时，常在邹桥一家私塾门外听邹野渔先生讲学。老师教授的内容他都能很快背诵。一天，邹先生让学生背诵书，学生们都没背下来，廖纪却在门外朗朗地背了出来。邹先生看廖纪才华出众，就收容抚养他读书。廖纪聪明而且刻苦，26 岁就在北京城京中了举人，36 岁中进士，真是“苦心人，天不负”。

lù 陆

得姓 出自妫姓，属于以封地为姓氏。另外以国为氏、他族改姓也是其姓氏来源的方式。

郡望 吴郡、平原郡、河内郡、荆州郡、乐安郡等。

堂号 忠烈堂、黜霸堂、三畏堂。

齐宣王封小儿子田通在平原县陆乡，陆乡是远古时期的火神祝融儿子陆终的居地，因此田通的后人就以陆为氏，史称陆氏正宗，也为山东陆氏的起源。今天的山东、河南、江苏、浙江、江西、湖北等地的陆姓人士基本上都是陆通的后人。

陆氏得姓以来，名人才子如群星闪烁，如西汉著名政治家陆贾、三国名将陆逊、西晋著名文学家并称“二陆”的陆机和陆云、唐末著名诗人陆龟蒙、南宋著名诗人陆游、与理学家朱熹齐名，史称“朱陆”的陆九渊、“宋末三杰”之一的陆秀夫等。

唐代著名的茶道专家陆羽，为人诙谐风趣，一生的嗜好是喝茶，是当时品茶的最高权威。一日，刺史李季卿在扬子江边遇见了正在考察茶事的陆羽，便邀他同船而行。李季卿听说附近扬子江中心的南零水煮茶极佳，马上令士卒驾小舟前去打水。不料士卒在半路上将一瓶水撒了一多半。士卒心中害怕，便偷偷舀了岸边的江水充兑。结果陆羽舀起来一尝，立即指出：“这是靠近岸边的江水，不是南零水。”李季卿命令士卒再去取水，陆羽再次品尝后，才笑着说道：“这才是江中心的南零水啊。”取水的士卒心服口服，跪在陆羽面前，告诉了实情，陆羽的名气随后也被传得神乎其神了。陆羽死后，后人尊其为“茶神”。在中国茶文化史上，陆羽所创造的一套茶学、茶艺、茶道思想，以及他所著的《茶经》，都是一个划时代的标志。

mǎ

马

得姓　出自帝颛顼裔孙伯益之后赵奢的封地马服，属于以居邑名为氏。

郡望　扶风郡、京兆郡、汝南郡、茌平县、临安郡、西河郡、广陵郡、华阴郡、正平郡。

堂号　铜柱堂、绛纱堂、志诚堂、聚未堂、忠孝堂、树德堂、裕本堂、公明堂、衍庆堂等。

战国时代，秦国攻打韩国，赵奢领兵援助韩国。赵奢率军西出邯郸三十里就下令扎营，做出准备固守的姿态。秦军派探子来探赵军的虚实，赵奢命人故意将其放入军营，让他亲眼看到赵军准备固守的各种态势。秦军的探子刚刚离开，赵奢急令大军轻装出发，急行军赶往武安附近。

秦军的主将接到探子报告，说赵军怯战，十分得意，忽听得军营外战鼓雷鸣，赵军已经杀到跟前，附近的高地已被赵军占领，秦将急令迎击，可为时已晚，赵军居高临下，四面夹击，杀得秦军人仰马翻，大败而逃。为了表彰赵奢的功劳，赵王将马服（今邯郸西）封给赵奢做食邑，称号“马服君”。

后来赵奢的子孙就以他的封地“马服”为氏，再后来，马服氏又省文简化为单姓，称马氏，世代相传至今。

主要分布于黄河流域和东北三省的马姓，以先祖赵奢的辉煌事迹开始，在中国历史上不断有名人涌现：东汉文士马良、三国名将马超、南宋著名画家马远、“元曲四大家”之一马致远、近代著名经济学家马寅初、京剧演员马连良等。

东汉时期，马援为国带兵打仗，屡建奇功，光武帝刘秀封他为伏波将军。马援不仅治兵严谨，打仗有方，还非常重视自己家族中子弟的教育，以免他们走上邪道。有一天，他听说侄儿马严和马敦结交侠客，认为这样下去会耽误学业，就写信劝告他们说：希望你们听到别人说坏话，就要像听见自己父亲的名字一样，尽管别人在叫，但自己不能跟着去叫。龙伯高这个人厚重谨慎，谦逊廉俭，为人正派，是我最敬重的，我希望你们学习他。杜季良豪侠行义，能为人解忧，也是我敬重的人之一，但我不希望你们学习他，因为你们很难学到。学龙伯高不成功，还不失为一个谨慎忠厚的人，这就是“刻鹄不成尚类鹜”，如果学杜季良不成，就会成为轻薄之徒，那就成了“画虎不成反类犬”。后来，人们用“画虎不成反类犬”来比喻学习技能而学得不像的人。其典故就源于此。

miáo 苗

得姓 源于芈姓，出自楚国公族大夫熊伯棼（斗越椒）之子斗贲皇的封地，属于以封居名称为氏。

郡望 上党郡、济阴郡、东阳郡。

堂号 东阳堂、伊犁堂、惠化堂。

伯棼是楚国大夫，平时总是有谋反之心，后来，他趁楚庄王问鼎中原之机，发动兵变，但不久即被诛杀。贲皇是他的儿子，害怕父亲的祸患殃及自己，于是就逃到晋国躲避。晋国国君以上宾之礼待他，并将苗地分封给他。后来晋楚交恶，在鄢陵大战，当时楚军势力很大，晋军将士多对楚国军队怀有恐惧之心，贲皇便给晋君献计说：“楚国军队的精兵都在中军，大王，您可先击破楚国的左右两军，然后乘胜合攻中军，一定可以一举击溃楚军。”晋君采纳了他的建议，果然大败楚军。这也是历史上传说的“楚材晋用”之佳话。因贲皇封地在苗，后世子孙便以邑为氏，称苗姓。

苗氏是一个多民族、多源流的姓氏群体，虽不算大族，但其名人却不绝于史书，尤其是唐宋以后，苗姓名人就更多了。

苗晋卿，幼年勤奋好学，文章尤佳，高中进士后，先后活跃于唐玄宗、唐肃宗、唐代宗三朝的政治舞台上。在苗晋卿长期的政治生涯中，有许多令人赞美的事迹。苗晋卿做魏郡太守期间，曾回乡省亲，在回乡途中，走到能望见壶关县城的地方，他就下了马车，步行前进，以示对乡邦的恭敬。手下小吏劝阻说：“太守德高望重，不应当这样自轻贱。”他却说：“过公门都要下马，况且是父母之邦呢？对父母之邦的一切都应该尊敬，你什么也别说了。”最终，他硬是步行到城里。到乡里之后，父老乡亲有向他献酒的，他都一律走下台阶接到手中恭敬地饮尽，当时人们都赞美他这种谦敬的美德。他还拿出自己的俸禄万钱献给乡学为经费，发展教育，造福于桑梓。

píng
平

得姓　属于以封邑名称为氏。
郡望　河内。
堂号　河内堂、修齐堂、敬斋房等。

晏婴，字平仲，是春秋中期非常著名的齐国宰相。晏婴祖上是远古氏族部落陆终的后代，而陆终是黄帝的嫡传子孙。晏婴当时辅佐齐景公，把齐国治理得非常好。晏婴虽然身材矮小，但却足智多谋，是春秋中、后期一位重要的政治家、思想家、外交家。他的子孙后代以这样一位祖先为荣，就以他字中的“平”为姓。晏婴的后裔子孙中，有以先祖名字为姓氏者，世代相传为平氏。因此，这支平姓起源于晏姓。

在名列史册的平姓人中，汉朝人平当值得一提。平当对于夏禹治水的情况很有研究，因此成帝封他为骑都尉，负责开河筑堤，防治水患。哀帝即位以后，升他为丞相，赐爵关内侯。到了第二年，又要给他升官加薪，当时平当病情很重，没有前去应召。家人对平当说：“为什么不勉强起来接受侯印给子孙后代呢？”平当说：“我身居高位，已经有负于俭素的生活原则了，勉强起来接受侯印，回来后继续卧床直至死亡，那么我死后也是有罪的。如今我不起来的原因，是为了子孙后代。”于是上书辞官。一个多月后，平当病卒。他的儿子平晏因明经历任大司徒，封防乡侯。自汉兴以来，只有韦贤父子、平当父子是父子两代皆官至宰相。

qī

戚

得姓　源于姬姓，出自春秋时期卫国大夫孙林父的封地戚邑，属于以居邑名为氏。

郡望　东海郡。

堂号　以望立堂，称为东海堂，亦称海州堂。

春秋时期，卫武公姬和有个儿子叫公子惠孙（姬惠孙），他的子孙称为孙氏。到第七世孙孙林父时，他本在卫国出任上卿，后来失宠，先后出奔到晋国和齐国，卫殇公姬秋执政时期归国，受封于戚邑。当时，戚邑是晋、郑、吴、楚等各诸侯国的交通要塞，濒临黄河，有险可据，平原沃野，堪称乐土。孙林父的支庶子孙恋居戚城，就以封邑名作为姓氏，称戚氏，世代相传至今。

戚姓是一个具有三千多年悠久历史的古老姓氏，可谓人才济济，尤以抗倭英雄戚继光最为有名。

明朝嘉靖年间，倭寇在福建沿海烧杀抢掠，无恶不作，朝廷换了几任大将也拿他们没办法，百姓叫苦连天。后来戚继光率八千义乌兵入闽抗倭，头一仗打的就是海上倭寇。

横屿是一个海上孤岛，经过一番明察暗访，戚继光终于决定在中秋节下半夜出击，拂晓前捣毁横屿倭巢。

临行前，戚继光晓谕全军："潮水涨落，分秒必争。只需勇往直前，不准犹疑回顾，违令者斩！"

戚继光的儿子戚狄平任先锋官，首先带领队伍出发。行至麒麟山下的宫门嘴山口时，戚狄平想知道父亲所在的中军是否跟上来，就回头朝樟湾方向望了望。跟在后面的将士以为先锋有令传达，不觉脚下一顿。戚继光发觉有人停马回头，立即询问是什么原因停步不前，中军回报说：是戚先锋回顾所致。戚继光大怒，命人将戚狄平绑至马前，斥责道："你身为先锋，带头违令，如何叫三军将士服从军令。"于是按军法就地问斩。身边部将纷纷说情，都无济于事。结果，戚狄平还是在大路边被斩首示众。戚家军扫平了横屿倭巢之后，就南下福清继续追剿倭寇。宁德漳湾百姓则在当年戚狄平被斩的地方立"恩泽坛"石碑，以永远纪念戚继光斩子的大义之举和戚氏父子剿倭保民的恩泽。

shěn

沈

得姓　沈姓其读音因不同的来源而有别，分别为“审”音和“真”音。读“审”音的沈姓，是黄帝的后代，属于以国名为氏。读“真”音的沈，是颛顼帝的后代，属于以居邑名为氏。

郡望　吴兴郡、汝南郡。

堂号　总堂号是圣仁堂，其他堂号有吴兴堂、梦溪堂、三善堂、六礼堂、寺范堂等。

沈本是上古国名，最早是夏禹子孙的封国。周初时，周武王死后，由年幼的周成王即位，周公旦摄政。三监不服，与武庚勾结，联合东方夷族反叛，后被周公旦所灭。周文王第十子季载，因平叛有功，被周公旦举荐为周天子的司空，后周成王将其叔叔季载封于沈国，又名聃国。季载又称冉季载。聃又写作冉，古时，冉、沈读音相同。春秋时，沈国为蔡国所灭，季载之后子逞逃奔楚国，其后子孙遂以原国名命姓，称沈氏。

沈姓名人，最早见于史书的，当数春秋时代的高士沈郢，历史上沈姓的重要人物还有：唐朝诗人沈佺期、书法家沈传师、诗人沈千运；北宋科学家兼政治家沈括、元朝戏曲家沈和、明朝画家沈周、戏曲理论家兼作家沈璟、民主革命家沈钧儒、作家沈从文、书法家沈尹默等。

沈括是北宋时期的文学家、科学家，著有《梦溪笔谈》一书。小时候，沈括有一个爱刨根问底的习惯，喜欢琢磨一些别人想不到的问题。

四月的一天，沈括正在自己家的庭院里背白居易的《大林寺桃花》一诗：“人间四月芳菲尽，山寺桃花始盛开……”突然，一阵风吹来，将院中树上的桃花吹落在地。他想：为什么山下的桃花四月已经凋谢了，而山上寺庙里的桃花却刚刚开放呢？白居易连这点常识都不知道，还号称大诗人呢？

母亲为了让沈括弄清楚这个问题，就让他邀请几个同伴一起到山上散散心。沈括他们来到山上，果然满山的桃花正在怒放，这可把小沈括难住了。同样是桃花，为什么这里的却开得这么晚呢？突然，一阵冷风吹来，他顿时恍然大悟，拍着自己的脑门大声说："我明白了！原来是山上地势高，温度低，所以花开得就晚啦，这是由气候条件决定的！"

小沈括回到家后，立即把这一重大发现记录下来。从此，沈括对气象产生了浓厚的兴趣。

后来，沈括博览群书，无所不通，晚年时写下了《梦溪笔谈》这本巨著，为后人留下了珍贵的科学遗产。

sū 苏

得姓　出自上古帝王颛顼高阳氏，属于以封地名称为姓。

郡望　河内郡、扶风郡、河南郡、武功郡、蓝田县。

堂号　除以望立堂的河内堂、武功堂、扶风堂、蓝田堂、洛阳堂外，还有芦山堂。

颛顼后裔陆终的长子夏朝时被封于昆吾，他的子孙就以封地名称为姓，称昆吾氏。再后来，昆吾氏的子孙中又有人别封于苏（今河南温县一带），其子孙也以封地为姓，姓苏，成为当今苏姓人中最早的一支。

见于史册的苏姓名人很多，熠熠生辉的莫过于战国时期著名的纵横家苏秦、留居匈奴十九年而持节不屈的西汉大臣苏武，以及"一门三父子"的苏洵、苏轼、苏辙，当代著名的数学家苏步青等。

苏轼是北宋著名文学家、书法家、画家。话说北宋时期，宋人屡遭辽邦侵犯却无可奈何。一天，朝廷上来了一个辽邦使者，出了一副上联要宋人应对：三光日月星。并说，如谁能对出下联则撤兵议和。此联看似简单，对上却不易。因为上联句中的数字恰与后面的事物相符，而对句所选数字对应事物都会多于三或少于三。

此时，恰逢苏轼回京述职，他大笔一挥，巧妙对出下联：四诗风雅颂。该对联妙在“四诗”只有“风雅颂”三个名称，因为《诗经》中有“大雅”、“小雅”，合称为“雅”，加之“国风”、“颂”共四部分，故《诗经》亦称“四诗”。此对句可谓妙语天成，辽使佩服至极，依言撤兵议和。

yán 阎

得姓 出自姬姓，分别为黄帝裔孙后稷之后、周康王之后、唐叔虞之后；出自芈姓，源于楚国王族伯玛的封地，属于以封邑名称为氏。

郡望 天水郡、河南郡、太原郡。

堂号 太原堂、河南堂、天水堂、丹青堂、右相堂、日月堂。

商末时，周族首领古公亶父（又称太王）有三个儿子：太（泰）伯、仲雍和季历。小儿子季历颇有才干，生有一子姬昌（即周文王），姬昌还是婴儿时，他要成为圣人的吉兆就已经显现了。太公亶甫曾说：“当今应该有兴盛发达的人，大概就在姬昌身上吧！”长子太（泰）伯和次子仲雍为了让父亲的愿望实现，就逃避到三吴一带。周武王灭商后，除了把仲雍之后封于吴外，又把太（泰）伯的曾孙仲奕封在阎乡，至此仲奕的后代就以封邑为氏，奉仲奕为阎姓的得姓始祖。

阎姓源流多，分支多，古今名人也多，丹青妙手阎立本堪称其中翘楚。

被人称为“丹青神化”的唐代画家阎立本，出生在一个绘画艺术之家。他在父亲和哥哥的培养下，十六七岁就已落笔不俗，名噪乡里。但阎立本却总觉得自己的水平还比不上一些古代的名画家，决心吸取各家之长，做到青出于蓝而胜于蓝。

有一天，有人告诉他，在长江之滨的荆州，新近发现了一块张僧繇（yáo）

的绘画石刻。阎立本一听，喜形于色，暗想："张僧繇是南北朝时期的'画圣'之一，尤其是他画的龙，栩栩如生，令人叫绝。我何不前往荆州，一饱眼福啊！"

经过两个多月的跋山涉水，阎立本终于平安到达了荆州。他住进旅店，请店家领他去看绘画石刻。绘画石刻是在一家菜园的角落里，上面已被涂上了许多污泥，不少地方难以辨认。石刻周围，荒草丛生，乌鸦鼓噪，阴森森的。

阎立本打眼一看，大失所望："原来不过如此，我白来一趟了。"可回店之后，他又觉得自己有点太轻率了。第二天一早，他回到原处，擦掉污泥，细看一番，才发现画中果然有不少妙处。

第三天，他提来一桶水，把石刻认真冲刷了几遍，再细心端详，反复揣摩，更觉得张僧繇的技艺高人一筹。他越看越入迷，白天看不够，晚上又打起灯笼继续观赏。就这样，阎立本在石刻前一坐就是十几天，最终学得画中精髓。

yè

叶

得姓 源自芈姓，出自颛顼后裔叶公之后叶子高，属于以封邑名称为氏。

郡望 南阳郡、下邳郡。

堂号 南阳堂、崇信堂、敦睦堂、点易堂、崇本堂、双留堂、国望堂、序秩堂等。

叶姓汉族支源仅有一支，颛顼为其传说祖先。颛顼后人沈诸梁，又称叶公，就是成语"叶公好龙"中的叶公，是春秋时期人，才能出众，楚惠王时期被任命为楚国北边要邑叶邑的行政长官，因楚县尹通称为"公"，故称"叶公"。叶公在叶邑兴修水利，使当地的生存环境有了较大的改善，邑人"莫不欣戴"。他平定白公之乱有功，身兼要职却不恋权位，急流勇退，最后归隐并终老在叶邑。其后裔以邑为氏，叶邑成为叶氏祖地，叶公成为叶氏始祖。

叶姓继承祖先美德，以“敦睦”、“百忍”、“永思”、“崇本”为其堂号，训示子孙。叶姓族人中不乏宰相、画家、文学家之名流。

叶兑，元末明初名儒。他以平民身份向朱元璋献计，提出“北绝察罕，南并张士诚，抚温台，取闽越，都金陵”的方针政策，称“一纲三目之天下大计”。

朱元璋本来就是礼贤下士的人，刘基、宋濂等人均为其所用。他对叶兑的才能大为赞赏，竭力挽留，希望叶兑能够成为自己的左膀右臂，日后共享荣华。叶兑对仕途不感兴趣，连忙辞谢道：“如策可采用，使苍生早获安乐，为愿已足。取荣华富贵，并非所愿！”铮铮数言，道出了一个隐者的心声。数年之后，朱元璋削平天下，其攻取次第略一如叶兑之计，事如当年诸葛亮的《隆中对》。

yǐn 尹

按照全国普通话发音标准，“尹”读作“yǐn”，但有些地区依照古音韵读“yǔn，允”。

得姓 出于少昊金天氏，属于以封邑为氏。

郡望 天水郡、河间郡。

堂号 和靖堂、天水堂、文和堂等。

传说少昊是古代东夷族的首领，号金天氏。东夷族以鸟为图腾，相传少昊曾以鸟名为官名，设有工正和农正，管理手工业和农业。少昊的儿子殷为工正，主制弓矢，被封于尹城，世称尹殷。他的子孙承袭了他的官职，世代都做工正，一直生活在尹这个地方。于是他的后代也多用封邑名“尹”作为姓氏。

尹姓历史渊源悠长，历代名人遍布各个领域，抗元英雄尹玉便是其中之一。

尹玉很小的时候开始习武，长大后就投身军队。战场上的尹玉骁勇善战，屡立战功，后来被封为赣州三寨巡检。文天祥起兵抗元后，尹玉一直跟随文天祥作战。到平江时，正赶上元兵进发金陵，朝廷命张全前来支援。文天祥就派尹玉与朱华、麻士龙带三千人马随行。在虞桥时，庞士龙战死，朱华随大军在五木大战，结果大败。这天晚上，元兵绕到山后乘虚攻打，宋营中的将领都悄悄逃跑了，而对岸的张全眼见情势危急却按兵不动，隔岸不发一箭。尹玉率领残余的五百军士，一马当先，与敌人厮杀。一夜之间，亲手杀了敌人七八十人，全身中箭，就好像刺猬一样，直到精疲力竭，被四个敌人围住，拿枪横在他的脖子上，用木棒打死。他的部下没有一个投降的，只有四人生还。朝廷接到旨报，追赠尹玉为濠州团练使，在五木和赣州立庙纪念。后来文天祥过五木时，还曾赋诗二首悼念尹玉，其中一首曰："首赴勤王役，成功事则天。富平名委地，好水泪成川。我作招魂想，谁为掩骼缘？中兴须再举，寄语慰重泉。"

【第四种：以国名为姓氏】

此类姓氏来源分支的性质与“以封地名为姓”相似。

晋、越、燕、邵、倪、殷、唐、安、湛、狄、贝、计、成、谈、纪、舒、项、祝、阮、娄、盛、刁、虞、干、左、邢、滑、荀、储、焦、隗、谷、宫、暴、甘、詹、郜、薄、宿、郇、阴、党、翟、逄、申、冉、郦、雍、边、扈、冀、习、戈、须、巢、蒯、荆、竺、权、淳于、锺离、楚、鄢、归、商、牟、谯、阳均属于以国名为氏。

在百家姓中，百家姓中此种得姓方式的姓氏还有：杨、唐、许、谭、夏、江、黎、宋、吴、郑、陈、蒋、秦、吕、谢、邹、柏、章、潘、彭、鲁、韦、齐、魏、鲍、岑、罗、毕、于、顾、汪、毛、梁、贾、曹、胡、徐、邓、程、赖、曾。

bǎi
柏

得姓　源于柏皇氏后代，出自周朝时期的柏国，属于以国名称为氏。

郡望　平原郡、魏郡、济阳郡。

堂号　平原堂、魏郡堂、济阳堂、咸阳堂、忠恕堂、碧山堂。

传说远古时三皇之首的伏羲手下有个大臣，名芝，以柏木为图腾，人称柏芝。他协助伏羲治理天下立了诸多功劳，深得伏羲的信任，后来当上东方部落的首领，所以又称他为柏皇氏。有一次，孟津河中突然出现了一只怪兽，龙首而蛇身，遍身长满龙鳞，高八尺五寸，形状像鱼又像驼，左右各生一个肉翅，在波涛中游来游去。伏羲闻讯后，赶到孟津河边。那怪兽看见伏羲后，更是精神抖擞，背上的龙鳞闪闪发起光来，似乎组成一种图案。伏羲知道这是神灵在指点，忙命手下人排香案顶礼膜拜。当时柏皇随伏羲一起，见此灵机一动，赶快捡起一块烧过的木炭，迅速把怪兽身上的图案画在一块大石上。等伏羲祀拜完毕，那怪兽即沉入水中不见，伏羲这才想起怪兽身上的图案没有记下来，十分遗憾。这时，柏皇已把图案抄在木板上献给伏羲。伏羲大喜，回去后日夜钻研，终于画成对后世产生极大影响的天下第一图：太极八卦图。由于柏皇氏聪明睿智，所以一直到周朝，他的后代都为帝王师。

柏氏是一个多民族、多源流姓氏，源起历史非常古老。按史料记载，柏姓曾是华夏民族在远古时期的贵族姓氏，因为柏姓人天资聪颖，所以曾有多人当过上古皇帝的老师：颛顼帝的老师为柏夷亮父，喾的老师为柏招。另外，黄帝的地官是柏常，佐禹治水的则是柏翳。后来，柏姓大多转化为其他姓氏，所以现在反倒不多了。

柏良器，唐代大将。他的父亲柏造被安禄山所杀，良器于是开始学习击剑，立志为父亲报仇，父亲的朋友友王奂说他：“尔额文似临淮王，面黑子似颜平原，殆能立功。”于是把他推荐给朔方节度使李光弼。柏良器跟随李光弼打了六十多场战，当上将官时，才二十四岁，因功升为左武卫中郎将。后来他又镇压袁晁、方清起义，击败淮宁节度使李希烈，最后被封为平原王。

bào

鲍

得姓 源于姒姓，出自春秋时夏禹裔孙敬叔之后，以邑（国）名为氏。

郡望 上党郡、泰山郡、东海郡、河南郡。

堂号 以望立堂的有上党堂、河南堂、泰山堂、东海堂。此外，还有清懿堂、知管堂、清望堂、亦政堂、上党堂、舞鹤堂、道腴堂、存德堂等。

鲍叔牙是春秋时齐国大夫。他的父亲敬叔被封于鲍，叔牙开始以封邑为氏，称鲍叔牙。他年少时与管仲的关系非常好。管仲家贫母老，他常给以资助，二人后来成了莫逆之交。襄公乱政时，管仲跟随公子纠奔鲁，他随公子小白出奔莒。等到襄公被杀，小白得内援回国，被立为齐君，打算任他为上卿。他力劝桓公将囚拘的管仲开释，让他代替自己的位置，自己甘为其下，结果造就了齐桓公的霸主地位。所以，孔子极力夸奖他，说他知贤而进贤，比自身贤的管仲更了不起。鲍姓子孙也就尊这位德行高尚的鲍姓先人为其得姓始祖。

鲍姓是个人才济济，名家辈出的姓氏。管鲍之交更是被誉为千古交友之典范。鲍叔牙对于管仲的那一份隆情高谊，不但达到了人类至高至美的人格境界，而且激励鲍姓后人以此为楷模。

鲍叔牙和管仲从小就是好朋友，年轻时两人一同学做买卖，所得盈利共同分取，但每次分利，管仲总是多要一点，对此鲍叔牙的家人愤愤不平，但鲍叔牙很不在意，常对家人说："管仲家里穷，又有高龄老母需要他照顾，让他多拿点也是应该的，而且我也是有意多给他点。"管仲知道此事后非常感动，有点过意不去，不肯再多拿。又一次分财利时，鲍叔牙执意让管仲多拿一点，但管仲坚持不再多要，僵持之下，两人想出一个好主意。原来王舍人庄（那时叫鲍城）城西有一南北小河，老百姓出城要从河底穿过，一到夏季河水上涨，百姓出行困难。二人想，不如用多的财利为百姓修座小桥。桥修好了，百姓非常感谢管鲍二人的恩德，遂将此桥命名为分金桥。

bì 毕

得姓 源于姬姓，出自周文王第十五子姬高之后，属于以国名为氏。

郡望 扶风郡、河内郡、河南郡、太原郡、东平郡。

堂号 除扶风堂、东平堂、河南堂、河内堂、太原堂是以望立堂外，还有经训堂、培远堂。

商朝末年，周文王的第十五子高，随周武王兴师伐纣立下赫赫战功。西周建立后，他负责处理被商纣王关押的犯人。他采取宽大为怀政策，平反了不少冤狱，表彰了因直谏受害的功臣，因而声名鹊起，被称为"周初四圣"之一。后姬高被周武王封于毕国，爵位为公，世称毕公高。武王驾崩后，作为顾命大臣，他与周、召二公等一起辅政，使周王朝的经济文化有了较大的发展，开创了"成康之治"的盛世。他的后人有一支以国为氏，称毕姓，尊毕公高为毕姓的得姓始祖。这支毕氏子孙一直显赫于世，历代相传至今。

毕氏得姓后，一日比一日繁衍昌盛，可谓族大人众，名人辈出，毕昇虽为平民，却因发明活字印刷术而见诸史册。

宋朝时候，雕版印刷大为盛行。

雕版印刷要先把木头锯成一块一块大小一样的板子，使之平滑，然后在一张薄纸上写字，再反贴在板子上，用刀雕刻成文字凸起来，再刷上墨，铺上纸，用软刷在纸上轻轻刷过，揭下来，纸上就有了白底黑字。一本书的字数相当多，所雕的板也不止一块，每一块都照这种方法刷印成文。全部印刷工作完毕，一页一页地装订起来，就成了一本书。

当时，杭州有个号称“神刀王”的雕版师傅，刀下功夫远近闻名，有口皆碑。毕昇跟着“神刀王”一学就是几年，技艺大有长进。有一次，师傅雕刻晋代大书法家王羲之的《兰亭序》，让毕昇在一旁观察揣摩。谁知还剩下最后一行时，毕昇一不小心，碰了师傅的手臂，把刀下那个“之”字刻坏了，整块版也随之作废，师傅几天的辛苦付之东流。虽然师傅没有责罚他，但毕昇心里难过极了。

晚上，他躺在床上，翻来覆去睡不着觉。他先是暗暗埋怨自己，后来又突然冒出一个念头：雕版印刷太麻烦了，能不能改一改呢？从那天起，他一有空儿就琢磨这件事。一天，他在西湖边散步，发现一个江湖画师正在往一幅风景画上盖图章，凑近仔细一瞧，真新鲜，那画师竟把三枚图章串在一起。

毕昇颇有兴趣地看了一会儿，忽然，猛一击掌，高兴地大叫起来：“有办法了！有办法了！”他一溜烟跑回住处，用胶泥制成一个一个方块，干了以后，刻上反字，一字一块；接着用火将这些活字烧硬，按韵排列在特制的木格里；然后根据需要将活字排在铁框里固定好，就可以刷上墨印书了。这就是区别于雕版印刷的活字印刷。

这项新技术，很快就被推广到了全世界，可谓印刷史上一次伟大变革，毕昇也因此名垂千古。

cáo
曹

得姓 源于姬姓，出自颛顼帝曾孙吴回之孙安被封在曹国，属于以国名为氏。

郡望 谯郡、彭城郡、高平郡。

堂号 清靖堂、敬思堂、崇孝堂、宁寿堂、无为堂、武惠堂。

在大禹治水时，陆终的儿子陆安因为辅佐大禹治水有功而被赐曹官。被赐“曹”官，即“圜（huán）土”为牢，为看押奴隶的狱官。这在当时以镇压奴隶为主要职能的奴隶主政权中并非小官。陆安后来以官为氏。这是曹姓得姓之始。

曹姓的辈分字行排列井然有序，体现着报国忠贞、勤俭治学的家规家训。曹姓名人辈出，从官员将帅到文人墨客，从三国曹操到清代曹雪芹，均在曹姓的发展史中留下了浓重的一笔，为后人所崇敬。

曹丕和曹植本是亲兄弟，曹植少年时就很聪明，能出口成章，下笔千言。曹丕当了皇帝以后，怕曹植威胁自己的地位，想迫害曹植。有一次他让曹植在七步之内做成一首诗，否则就把他处死。曹植没走到七步就做好了一首诗，即流传后世的《七步诗》：“煮豆持作羹，漉菽以为汁。萁在釜下燃，豆在釜中泣。本是同根生，相煎何太急？”诗中曹植把自己比喻成锅里的豆子，把曹丕比喻成锅下面的豆秆。豆子和豆秆本来生长在同一根上，现在豆秆却在锅下面燃烧，煎熬锅里的豆子，而锅里的豆子无力反抗。曹植用这个比喻，暗指他与曹丕是亲生兄弟，应该是骨肉情深，但现在却是骨肉相残，表达了内心的悲愤。相传曹丕听了此诗，面有惭色。

cén

岑

得姓 出自姬姓，为西周初期周武王堂弟姬渠之后，属于以国名为氏。

郡望 南阳郡。

堂号 南阳堂。

传说，壮族先民原来有名无姓，于是各部落首领在一个叫江岩（今浙江富阳清泉山）的地方集会，商定各部落的姓氏。因主持人部落势力最强大，被推为总首领，以“黄”（大王、皇帝）为姓，养黄牛为主的部落首领就以“莫”（黄牛）为姓；会猎鸟的部落首领就以“陆”（大鸟）为姓，牵着狗来的那个部落首领就以“麻”（神犬）为姓。就此，会议圆满结束，大家都因有了姓氏而欢呼雀跃。但在江岩之地为大家杀牛做饭的那个部落首领，见到大家都有了姓氏，而自己却未得到，因此大发其怒，不高兴地以刀拍击砧板来表示愤愤不平。会议主持人见状后灵机一动，就以“岑”（砧板）给他为姓。最终，大家皆大欢喜。从此，壮族的岑氏就诞生了，其族人也都以此为姓氏，世代相传至今。

在历史上，岑氏曾经是一个光彩而神气的姓氏，尤其是汉、唐两代，岑氏人才辈出，出将入相，显赫万分，是当时的名门望族。

公元752年，一天，岑参在武威办完军务赶回西域，途经赤亭，戍边的士兵让他题词、赋诗。岑参和这些士兵是老熟人了，也不推脱。不料，刚题完一首诗，挤在当中的一个小孩，就随口吟了出来。岑参有些吃惊：“这里还有这样的孩子？”士兵告诉他说：“这个小孩子是个回鹘（hú）放羊娃，一次大风，这个放羊娃救了我们十三个士兵，是我们允许他在这放羊的。”岑参转过头问放羊娃：“是谁教你汉语的？”放羊娃说：“是父亲。”一个士兵说：“他家是早年流落到这里的。”放羊娃从怀里掏出一本破旧的书递给岑参。岑参不懂回鹘文，问放羊娃。放羊娃说："是爷爷写的，叫《论语》。"岑参没再吱声，他抚摸了一下放羊娃的头，给放羊娃题了一幅字："论语博大，回鹘远志。"放羊娃把题词揣到怀里，向岑参鞠了三个躬，高兴地走了。第二天，放羊娃的父亲听说诗人岑参来此，就领着放羊娃找到岑参说，他家是书香门第，原来在漠北草原，因宫廷之乱逃亡西域。他恳求岑参收孩子为义子，教以成人。岑参内心非常喜爱这个聪明伶俐的孩子，又心想，在西域，军队很缺翻译，这孩子可以造就。于是，对放羊娃的父亲说："我是军人，要收他为义子，我得把他带走。"放羊娃的父亲立刻答应了岑参。放羊娃的名字原来叫也里，岑参给他改了个名字，叫"岑鹘"。就这样，岑鹘跟着岑参参军入伍，来到了轮台。

几年过后，岑鹘在岑参的悉心教导下，不仅聪明干练，而且精通汉语和回鹘语。岑参入关赴任，向朝廷举荐了岑鹘。岑鹘没有辜负老师的栽培，一边工作，一边培养了许多翻译。岑鹘后代多有在王国为官者，元代，高昌著名尼僧、翻译家舍兰兰就是岑鹘的后代。

chén 陈

得姓 源于舜帝后裔，属于以国为姓。

郡望 颍川郡、汝南郡、下邳郡、广陵郡、东海郡、河南郡。

堂号 以望立堂的有颍川、东海、庐江、汝南、河南、冯翊、下邳、武当等；自立堂号的有建业、映山、忠节、崇本、世德等；还有三恪堂、德星堂、德聚堂。

陈姓来源于妫姓，陈姓人是舜帝的后裔。西周初年，周武王灭了商朝以后，找到当时舜帝的后代妫满，把大女儿嫁给他，封他在陈，建立了陈国，定都宛丘（今河南淮阳）。妫满选贤任能，扬善罚恶，励精图治，使陈国强盛了许多年。妫满死后，谥号为胡公，故又称陈胡公、胡公满。他的子孙便以国为姓，这就是陈姓的由来。

陈姓在中国属于大姓，陈姓子孙遍布全球，名人贤士更是数不胜数，令人敬仰不已。

陈尧咨是宋代官员、书法家。他练得一手好箭法，自称“小由基”（春秋时楚国有位神箭手养由基），以为自己箭术天下第一了。

一天他在练习射箭，有个卖油老翁担着两桶油正巧路过。老翁看到有人射箭，便放下油担子站在一旁观看。他看到陈尧咨每射十箭，能中八九次靶，便微微点头，表示射得还可以。陈尧咨不满意地问：“你也懂得射箭吗？”

老翁回答说：“年轻人，这没有什么了不起的，只是个手熟罢了。”

陈尧咨非常生气地说：“你敢小看我？”老翁没有理睬他，却不慌不忙地取出一个油葫芦放在地上，又在葫芦口上盖了一枚铜钱，然后舀了一勺油，慢慢地从铜钱的小孔倒入葫芦里，那枚铜钱上竟然一点油也没有沾上。老翁高超的技巧使陈尧咨惊叹不已。老人却谦虚地说：“其实，我这点技术也没有什么了不起的，只是熟练罢了。”

这件事给了陈尧咨很大的启发，他认识到了自己骄傲自大的错误，尊敬地送走老翁后，更加刻苦练习射箭，在技巧上精益求精。

小曲基陈尧咨
丙申年于三静书屋
灯下如刚作画记

chéng

程

得姓 源自风姓，以国为姓，是颛顼帝之孙重和黎的后裔。

郡望 广平郡、河南郡、安定郡。

堂号 明道堂、伊川堂、立雪堂、安定堂、广平堂、叙伦堂、宏礼堂、重本堂、四箴堂、世忠堂等。

传说，上古时候，民间祭祀很乱，社会很不稳定。颛顼高阳氏为了使百姓从杂乱的祭祀活动中解脱出来，安心生产，就委派他的孙子重为南正之官，掌管祭祀神灵；重的弟弟黎为火正之官，掌管民事。后来重和黎的子孙就世袭了这一官职。商朝时封重、黎的孙子于程（今河南洛阳市东），建立程国，称为程伯，其子孙便以国名程为姓。

程姓分布广泛，留名史册的程姓名人从文臣到武将，不一而足。

春秋后期的晋国，权臣屠岸贾要诛灭忠烈名门赵氏，率兵将赵家团团围住，杀掉了其全家老小，史称“下宫之难”。在这场灾难中唯一幸免于难的是赵朔怀有身孕的妻子庄姬。她是晋成公的姐姐，躲藏在宫中得以幸免。不久，庄姬生下一个男婴，屠岸贾知道后，为了斩草除根，便带人到宫中寻找，却没有找到婴儿的藏身之处。

赵朔旧日门客公孙杵臼以及好友程婴知道屠岸贾不会善罢甘休。程婴便找来一个别人家的婴儿，设计了调包计。

公孙杵臼带着程婴的孩子冒充“赵氏孤儿”逃到山中；而把真正的赵氏孤儿隐藏起来。屠岸贾率兵来追，程婴“无奈”为他领路，屠岸贾找到并杀死了隐匿山中的公孙杵臼和婴儿。程婴从此背负着卖友求荣的骂名，与真正的赵氏遗孤一起隐居山林。

十五年后，婴儿长大，名叫赵武，他和程婴在晋国大夫韩厥等人的帮助下为父辈报仇，杀死屠岸贾，恢复了赵氏的土地和封邑，程婴的忠义之举也随之大白于天下。

dèng
邓

得姓 源于姒姓，出自夏王朝帝王仲康之子孙的封地，属于以国名为氏。

郡望 南阳郡、安定郡、高密国、平阳郡、长沙郡、陈郡、洛阳郡、宜春县、南雄县。

堂号 以望立堂的南阳堂、安定堂、高密堂、平阳堂、长沙堂、洛阳堂、宜春堂、南雄堂、陈郡堂（亦称陈国堂、淮阳堂），此外还有平寿堂或谦恕堂。

商族的始祖契为子姓，商高宗武丁封他的叔父曼季于曼城，史称曼侯；后来又改封于邓国（今河南孟州市），世人改称其为邓侯。两周时期，邓国是周王朝南方较为重要的诸侯国之一，历经西周、春秋，一直延续了六百多年。在此期间，邓国逐渐向南发展，国都迁于邓城（今湖北襄樊），史称“南阳郡邓”，直至楚国最终将其灭亡。亡国之后的邓侯子孙，为纪念故国，便以国名为姓氏，称邓氏，史称邓氏正宗。

自古以来，牺牲在战场上，一直是爱国军人引以为自豪的志向。特别是那些明知死在眼前仍勇敢赴难的人，更令人崇敬。在中日甲午海战中牺牲的邓世昌就是这样的人。

邓世昌是我国最早的海军军官之一，是清朝北洋舰队“致远”号的舰长。他有强烈的爱国心，常对士兵们说：“人谁无死？但愿我们死得其所，死得值！”1894 年，中国和日本之间爆发了甲午战争。邓世昌多次表示：“如果在海上和日舰相遇，遇到危险，我就和它同沉大海！”

这年 9 月的一天，日本舰队突然袭击中国舰队，一场海战打响了，这就是著名的黄海大战。战斗中，中国担任指挥的旗舰被击伤，大旗被击落，邓世昌立即下令在自己的舰上升起旗帜，吸引住敌舰。他指挥的“致远号”在战斗中最英勇，前后火炮一齐开火，连连击中日舰。日舰包围过来，“致远号”受了重创，开始倾斜，炮弹也打光了。邓世昌感到最后的时刻到了，对部下说："我们就是死，也要壮出中国海军的威风，报国的时刻到了！"他下令开足马力向日舰"吉野号"冲过去，要和它同归于尽，这大无畏的气概把日本人吓呆了。

可不幸的是，"致远号"在前进中中了鱼雷，船体爆炸，沉入海底。200多名官兵大部分牺牲。邓世昌曾被部下用救生圈救起，也曾被爱犬"太阳"救起，可他见部下都没有生还，毅然退出救生圈，将爱犬按入水中，一起沉入大海，献出了宝贵的生命。

gù

顾

得姓　源于夏王朝封舜裔姚姓昆吾氏顾国，属于以国名为姓氏。顾姓其他源流：以先祖封号为氏、汉化改姓为氏、因故改姓为氏等。

郡望　会稽郡、武陵郡。

堂号　吴兴郡、会稽堂、武陵堂、三绝堂。

古代顾姓分为两支：一为北顾（指发祥于河南省范县的顾伯后裔），一为南顾（指发祥于浙江省绍兴的顾摇后裔），顾姓在得姓以后，北顾发展不及南顾。春秋战国时期，两支顾姓发展缓慢。汉魏六朝时，南顾与陆、朱、张合称为"会稽四姓"。三国至唐代，顾姓一直是江东四大姓之一。唐以后，顾姓不断地向南北各地播迁。明代中叶时，顾姓分布于全国各地，甚至渡海赴台，播迁海外。

春秋末年，越国常与吴国交战，公元前494年被吴国打败。越王勾践卧薪尝胆，发奋图强，后终于在公元前473年攻灭吴国，并向北扩展，成为霸主。公元前306年越为楚所灭。勾践的7世孙摇，因助刘邦灭项羽有功，受封为东海王，因都城在东瓯，俗号东瓯王。后来他封自己的儿子为顾余侯，子孙留居会稽，其子孙以其封号的第一字为姓，称为顾氏。史称顾姓正宗。

顾姓历史悠久，名人辈出，涉及领域广泛，在当时有着举足轻重的影响。

东晋人顾恺之，从小就受到太湖风光的熏陶，画得一手好画，名画《洛神赋图》就出自他的手笔。兴宁年间，瓦棺寺刚建成住进僧人，设置法会，请朝中贤士、世间应人捐款赞助，当时的官员文士捐款没有超过十万钱的，唯有顾恺之捐资百万钱。他家一向清贫，人们都认为他在说大话。后来法会上宣读的捐款祝祷文上写的数额付款时，顾恺之对僧人说："请贵寺选一面空白墙壁，我去到那里后，关好门户，不许他人进入。"顾恺之在寺里整整待了一月有余，在这面墙壁上绘了一幅巨大的维摩诘画像，将要画眼睛时，顾恺之对僧人说："这幅画作好后，明天你们可以打开寺门，让人进来瞻仰。第一天来观看的人，请让他向寺里施钱十万，第二天来观看的施钱五万，第三天来看的随便施多少都可以了。"第二天清晨，和尚们把寺门打开。壁上的维摩诘巨像，光耀整个寺院。前来观看布施的人群堵塞寺门，挤满了寺院，不到一会儿工夫，就集资上百万钱。

hú 胡

得姓 源于归姓，出自商、周时期归夷族，属于以国名为氏。

郡望 淮阳郡、安定郡、新蔡郡、洛阳郡、义阳郡、庐陵郡、弋阳郡、定城郡。

堂号 三恪堂、新蔡堂、洛阳堂、淮阳堂、义阳堂、弋阳堂、定城堂、安定堂均是以望立堂，此外还有庐陵堂、澹安堂、绩溪堂。

相传上古五帝之一的舜是颛顼的后代，因为他曾住在妫汭河（今山东省济南），所以后代有妫姓。周武王灭商后，追封帝舜的后裔妫满于陈，建立陈国，奉守帝舜的宗祀。妫满去世后谥号为胡公，称胡公满。陈国被楚国所灭后，其子孙以妫满谥号为氏，称胡氏，此为河南胡氏。

胡姓是超级大姓，人口众多，分布很广，从古至今的名人更是不少，清代红顶商人胡雪岩就是其中之一。

胡雪岩在杭州开有当铺和钱庄，生意十分红火，不少人动了歪心思，想从他手里去骗点钱。

一天，一个顾客神气活现地来到当铺，拿来了所谓的稀世珍宝——“商朝的古董”，出价三百两银子，当铺伙计收下了。晚上查账，胡雪岩知道了“商朝的古董”这码事，并发现这个所谓的古董是假的。伙计吓坏了，胡雪岩却叫管事的通知全城的达官贵人，明天来当铺鉴赏宝贝，并备好筵席将以示庆贺。全城有名望的要员都到了，酒席摆好，贵客坐定。大伙都争先恐后欲一睹为快，见识见识那稀世珍宝的真面目。胡雪岩发话：“把稀世珍宝请出来。”伙计抱着宝贝走下楼，一个不慎，一脚踏空，连人带宝贝滚下，“商朝的古董”摔成碎片。顿时大伙大呼小叫：可惜可惜！一时之间，胡雪岩把古董打碎的消息传遍全城大街小巷。

第二天，当铺来了真佛——“商朝的古董”的主人拿着三百两银子，要赎回那古董，若是拿不出来那宝贝，就要加倍赔偿，否则决不善罢甘休！胡雪岩收下银两，确认银两无假，然后叫掌柜拿出那所谓的“商朝的古董”。

“你，你，不是已经摔了吗？”稀世珍宝的主人有点语无伦次。胡雪岩微微一笑，“我摔的那宝贝比你这个更假！”说完他哈哈大笑，骗子无地自容，抱着假古董灰溜溜地走了。

出其不意，攻其不备，以其人之道还治其人之身，胡雪岩这一招儿真妙！

贾 jiǎ

读音作jiǎ，古音读作gǔ。

得姓 源于姬姓，出自周成王之弟唐叔虞的少子公明之后，属于以国名为氏。

郡望 武威郡、洛阳郡、长乐郡、河东郡、临汾郡。

堂号 武威堂、洛阳堂、长乐堂、至言堂、治安堂、忠节堂、孝友堂、世美堂、积善堂、韫玉堂、追远堂。

西周时，周成王的弟弟唐叔虞，因“桐叶封弟”的缘故，在周公灭唐（今山西翼城西）后，被封于唐。不久，唐叔虞的少子公明又被成王之子康王封于贾（今山西襄汾西南），名义上是唐国的一个附庸，号为贾伯。春秋时，贾国为晋所灭，贾伯公明的后裔以国为氏，称贾氏，是为山西贾氏。

贾姓人口众多，分布极广。古往今来，贾姓名人遍布社会各个领域。我们熟悉的“推敲”典故就来自于唐朝诗人贾岛。

唐代诗人贾岛有一次骑驴闯了官道。当时他正在琢磨着一句诗，全诗如下：闲居少邻并，草径入荒园。鸟宿池边树，僧敲月下门。过桥分野色，移石动云根。暂去还来此，幽期不负言。

但他又有一处拿不定主意，那就是“僧推月下门”好还是“僧敲月下门”好。推，还是敲？他就这样嘴里一直推敲推敲地念叨着。不知不觉地，就骑着驴闯进了大官韩愈的仪仗队里。韩愈问贾岛为什么乱闯。贾岛就把自己做的那首诗念给韩愈听，并说了自己关于“推”和“敲”的困惑。韩愈听了，对贾岛说：“我看还是用‘敲’好，去别人家，又是晚上，还是敲门有礼貌呀！而且一个‘敲’字，使夜静更深之时，多了几分声响。再说，读起来也响亮些。”贾岛听了连连点头。他这回不但没受处罚，还和韩愈交上了朋友。推敲从此也就成了一个常用词，指写文章或做事时反复琢磨、斟酌。

jiāng

江

（古音读作 hóng，亦可读作 gāng）

得姓 出自嬴姓，为颛顼裔孙伯益之后。属于以国名为姓氏。

郡望 济阳、淮阳、六桂。

堂号 济阳堂、淮阳堂、六桂堂、忠廉堂、余庆堂等。

江姓出自嬴姓，传说是大禹的贤臣伯益的后代。伯益因辅佐大禹治水有功，被赐予嬴姓，这样，伯益就成了古代嬴姓各族的祖先。伯益的后代大约于商朝或西周初期受到封赏，建立了江国。春秋时期，江国在楚、宋、齐三国势力之间，经常受这些大国操纵，再加上淮河水泛滥，往往淹没江国的中心地带，所以江国一直没能强盛起来，最终在公元前623年被楚国所灭。江国灭亡后，王室子孙与国民们纷纷逃散，流落外地，不过他们多以故国名称为姓氏，将江姓世代承袭了下来，称江氏、鸿氏、邛氏、邗氏，是非常古老的姓氏之一。

江氏发源于河南正阳，早期主要在河南发展繁衍。西汉以后，江姓在河南、山东立足，又向四处繁衍发展，迁播到全国各地。明清以后，江姓遍及全国各地。如今，江姓在全国分布甚广，其分布以江苏、广西、安徽、四川、广东、湖北、福建等省为主。

江姓名人很多，因此江姓的宗祠楹（yíng）联有许多都与这些名人有关。其中在楹联中被提及最多的当属梁朝文学家江淹。如“寻春得句诗无草，带醉裁笺橄有花”、“千秋文藻富，五色笔花新”，都提及了江淹的生花妙笔。

江淹，世称江郎，自幼勤奋好学，六岁能作诗，十八岁能熟背“五经”。他的诗和文章在当时获得极高的评价，其作品《恨赋》、《别赋》，才华横溢，被誉为千古奇文。

可是，当他年纪渐渐大了以后，文章不但没有以前写得好了，而且退步不少。诗写出来也平淡无奇，而且提笔吟握好久，依旧写不出一个字来；偶尔灵感来了，诗写出来了，但文句枯涩，内容平淡得一无可取。在钟嵘《诗品》中就有这样的记载：有一次江淹在冶亭中睡觉，梦见一个自称郭璞的人，对他说："文通兄，我有一支笔放在你那儿很久了，应该可以还给我了吧！"江淹听了，就从怀里取出一支五色笔来还他。据说从此以后，江淹就文思枯竭，再也写不出什么好文章了。据说这就是"江郎才尽"的由来。

jiǎng 蒋

得姓　出自姬姓，周公姬旦的第三个儿子伯龄之后，属于以国名命氏。

郡望　东莱郡和乐安郡。

堂号　乐安堂、钟山堂、九侯堂。

蒋姓源于北方，兴盛于南方，是比较典型的南方姓氏。有道是"天下无二蒋"，因此蒋姓来源比较纯正。

蒋伯龄，为蒋姓的得姓始祖。这是蒋姓后人的说法。事实上，伯龄不姓"蒋"，而姓"姬"，是周朝王室后裔。公元前1046年，周武王在姜子牙辅佐下，与弟周公旦联手，攻进朝歌，迫使纣王自焚于鹿台，周朝建立。周武王害怕自己的统治不稳固，于是便把自己的几个弟弟和功臣封为诸侯，让他们建立一些小国家，来拱卫中央政权。这就是历史上有名的周初大分封。周公旦父子因跟随武王伐纣有功，均受到了封赏。周武王去世之后，长子姬诵继承王位，即周成王。周公旦三子姬伯龄被封于蒋（河南淮滨期思一带），建立了蒋国。公元前617年，蒋国被楚国所灭，伯龄后代，便以故国名为姓氏。

历史上蒋姓人才济济，若星汉灿烂，蒋琬就是其中的一颗。

蒋琬，三国时蜀汉著名大将军，诸葛亮称其为“社稷之器（即国家的栋梁之材），非百里之才（能治理方圆百里地区的人才）也”。

三国时期的蜀国，在诸葛亮去世后任用蒋琬主持朝政。他的属下有个叫杨戏的，性格孤僻，讷于言语。蒋琬与他说话，他也是只应不答。有人看不惯，在蒋琬面前嘀咕说：“杨戏这人对您如此怠慢，太不像话了！”

蒋琬坦然一笑，说：“人嘛，都有各自的脾气秉性。让杨戏当面说赞扬我的话，那可不是他的本性；让他当着众人的面说我的不是，他会觉得我下不来台。所以，他只好不作声了。其实，这正是他为人的可贵之处。”后来，有人赞蒋琬“宰相肚里能撑船”。

lài 赖

得姓　出自姬姓，为周文王姬昌的后代；出自姜姓，为炎帝神农氏的后裔，属于以国名为氏。

郡望　颍川郡、南康郡、河南郡、河内郡、松阳郡。

堂号　颍川堂、南康堂、河南堂、西川堂、松阳堂、五常堂、五美堂、锡美堂、怀德堂、积善堂、思敬堂、水声堂等。

赖姓是一个发源于北方，而在历史演进中成为以广东为主居地的典型南方姓氏。而且赖姓字行严谨，寓意深远。

叔颖公为轩辕黄帝廿九世玄孙，文王之第十三子，周武王之弟也。武王令叔颖率兵与诸侯讨伐无道之纣王，功成退居河南省赖地。周朝建立后，为加强其统治，武王大封同姓诸侯。公元前841年，武王封弟叔颖于赖国。公元前538年，赖被楚灵王所灭，后世子孙为纪念先世创业，就以国名赖为姓。

赖姓人才辈出，尤以宋明两代江西万安为盛，故有“一县两代人才多，江西万安赖氏兴”的佳话流传于世。历史上赖姓重要人物有：唐朝赖文雅、宋朝地理学家赖文俊、元代文学家赖良、清朝书画家赖珍和赖镜、太平天国赖汉英和赖文光等。

明朝官员赖先做户部主事时，以廉洁干练著称，尤其是革除浒墅钞关积弊，更为民众称颂。原来，明朝在各商运中心地点设关收税，以“钞”（纸币）交纳，谓之“钞关”。按该关税则，过往商船凡船身宽度在5尺以下者免征。但关吏为中饱私囊，上下勾结，无论大小船只，一律征税。赖先得知此事后，先派手下查明事实，严饬关吏按章办事，还特地在支港用石头建造了一座可容5尺以下小船通过的闸门，让这类船只自由来往，不受盘查。只有那些不能通过闸门的大船，才须照章纳税。从此，历年积弊一扫而清，商旅之人莫不拍手称快，他的声誉也日益显著。不久，赖先被提拔，升任户部员外郎。但他的刚正廉洁不免遭到朝中官员的忌恨，为保持气节，赖先以疾病为由，辞职回家，从此绝意仕途。

lí 黎

得姓 以国名为姓氏。

郡望 京兆郡、九真郡、宋城郡。

堂号 载酒堂、京兆堂、九真堂、宋城堂等。

据史书所载，商朝时有一个诸侯国名为黎国，商朝末年被周文王灭掉。后来，周武王分封诸侯时，黎这个地方被封给帝尧的后裔，赐为侯爵，并依旧沿用黎国的名称。黎侯的子孙后来也就“以国为氏”而姓了黎。古往今来，南方多黎姓，所以黎姓也是典型的南方姓氏。

黎姓名人有许多典故佳话，在历史上广为流传。如后周黎景熙，其著作史称“黎阳信史”，子孙以“黎阳堂”为堂号；北宋黎錞，精通经术，被宋英宗封为“经术博士”。北宋黎子云和“载酒堂”的故事更是脍炙人口。

“载酒堂”是北宋时代海南岛儋县文人黎子云的私人住宅。苏东坡晚年时被贬官到海南儋县，听说当地人黎子云虽然家境贫寒，但是十分好学，不但亲自下田耕作，对待母亲也非常孝顺；又听说他家里有《柳子厚文集》数卷，于是特意前去寻访，二人成为至交好友，苏轼经常拄杖而至。从此，当地的许多读书人便常常聚集在黎子云家，聆听苏东坡的讲学，并且争相载酒携肉相赠，以表达对苏东坡的尊敬。苏东坡也特意手书一块匾额“载酒堂”送给黎子云及当地百姓留念。“载酒堂”不但成了黎姓家族的堂号之一，现在也是海南岛著名人文景观。

liáng 梁

得姓 出自嬴姓和姚姓。源于嬴姓，出自帝颛顼裔孙伯益之后裔的封地夏阳梁山，属于以国名为氏。

郡望 安定郡、扶风郡、下邳郡、西河郡。

堂号 有仪国堂、安定堂、保善堂、怡庆堂、集贤堂、凤阁堂等。

梁姓出自嬴姓，起源于东夷少昊部，伯益之后。伯益后裔秦仲的小儿子康封于夏阳梁山（在今陕西韩城南），建立梁国，为伯爵。公元前641年，秦穆公派兵攻灭梁国，改称梁地为少梁。亡国后的梁国子孙，大都逃到晋国，以原国名为氏，就是梁氏。

梁氏名人古有伯益、梁红玉，近有梁启超、梁实秋、梁漱溟等。

梁启超九岁那年，他的祖父带着他乘坐木船前往广州参加考试。

当时满船的人都是准备应试赶考的书生，大家坐在一起都是在讨论学问和夸耀才学的。一日在船上吃午饭，刚好吃的是白米饭和蒸咸鱼，有一个考生就提议以咸鱼为题进行吟诗或作对。其实用咸鱼入诗入对，是一个非常难的题目，因为咸鱼虽然是广东人饭桌上的名菜，但毕竟是登不了大雅之堂，虽说“进鲍鱼之肆，久而不闻其臭”，但说的仍然是臭，并且是与“入芝兰之室”相对着的。话题一出，满船的考生一下子都被难倒了，大家纷纷抓耳挠腮，苦苦思考。

梁启超稍停片刻，便当众吟诵：“太公垂钓后，胶鬲举盐初。”在座的人听了，都不约而同地愣了一下，然后拍手叫好，称赞他的诗做得十分切题，风格典雅，诗意浓郁，而且适当地运用典故，不落俗套，是一个十分难得的好句，不愧为少年才俊。孟子曾赞胶鬲“举于鱼盐之中”，以胶鬲入诗，可谓贴切之至。

lǔ

鲁

得姓　源于姬姓，出自西周初期周公旦之子伯禽封邑鲁国，属于以国名为氏。

郡望　扶风郡、新蔡郡。

堂号　扶风堂、新蔡堂、三异堂。

周武王的弟弟有封地在周，称为周公。周公当初被封在东方的鲁国，但是他要留在周都辅佐周王，就派儿子伯禽去鲁国。伯禽到了鲁国以后，继续征伐，使鲁国成为当时的东方大国。据说伯禽和姜太公同时前往封国，太公花了五个月就把齐国整顿就绪回报周公，周公惊讶地问：“怎么这么快呀？”太公说：“我简化了君臣的礼节，依从当地人的风俗，所以很快就使齐国的民心安定了。”伯禽却过了三年才向周公回报，周公问他为什么这么晚才来，他说：“我改变当地人的习俗，制定了新的礼节，教会他们守三年之丧，所以来得晚。”周公叹息说：“鲁国将来必定要向齐国称臣了。为政繁琐，百姓就不会亲近；为政简易，百姓才愿意归附啊！”

由于鲁国固守旧制度，春秋以后果然逐渐衰落了。战国时，被楚国灭掉。他的公族子孙就以国名为姓，称鲁氏，世代相传至今，史称鲁氏正宗，是相当古老的姓氏之一。

历史上，鲁姓人济济多才，多为文人雅士，即使身为武将，也是儒将，与其姓氏截然相反。在这些人才中，也不乏能工巧匠，木工的祖师爷鲁班就是其中之一。

鲁班是一位出色的发明家。一天，他来到一个地方干活，恰巧看到一个老太婆在捣麦子。老太婆年岁大了，举不起石杵了。她扶着石杵，在石臼里研着麦粒。鲁班走过去一看，石臼里的麦粒有不少已经磨成了粉。鲁班从这里得到了启发。

回到家，他找来两块大石头，把石料凿成两个大圆盘，又在每个圆盘的一面凿出一道道槽，其中的一个大石盘，上面凿个洞，并安上木把，将两个石圆盘摞在一起，凿槽的两面相合，中心装了个轴。他在圆盘的中间洞里放入麦子，然后转动上面的石盘，麦粒从洞眼漏进两个石盘之间，很快就从两个石盘的缝里转出来变成面粉。这就是两千年来在我国农村曾经广泛使用的石磨。

luó

罗

得姓 源于妘（yún）姓，出自为颛顼帝之孙祝融氏后裔的封地罗国，属于以国名为氏。

郡望 豫章郡、长沙郡、襄阳郡。

堂号 豫章堂、尊尧堂。

罗，出自妘姓，为颛顼帝之孙祝融氏之后裔。“妘”为中国古代最早的姓氏之一。祝融，是帝喾时的火官（掌管民事），后人尊之为火神。祝融的后裔分为八姓，即己、董、彭、秃、妘、曹、斟、芈等，史书称为“祝融八姓”。到了周朝的时候，有子孙被封在宜城（今湖北省宜城市），称为罗国。公元前690年，罗国被楚国所灭，于原地另置鄢国，祝融氏的子孙就逐渐向南迁移，最后迁至湖南长沙，遂以故国名为姓氏，称罗氏。

罗姓族人热衷于研修家谱，从而使罗姓家谱严谨、完整。而且历代罗姓人均具有鲜明开放的性格，善于探索求知，在历史上多与少数民族融合发展，具有鲜明民族特色，也为少数民族中的大姓。

罗姓人才浩如繁星，四大名著之一的《三国演义》作者罗贯中就是罗姓人才中的佼佼者。

罗贯中是山西人，他个头不高，但脑子好使。常有大个子们想欺侮他，但他总能使欺侮他的人吃大亏，从而再也不敢欺侮他了，只得给他起个别名叫“猢狲精”，可见他是个很机灵的人。

他七岁上学，学习不用费工夫就能得上乘，有空就看野史和闲书，还好搞些恶作剧。他最爱听街头巷尾人们讲的三国分天下的故事。他的老师见他不好好读书，可惜了他的聪明才智，就在大青石旁给他讲“水滴石穿”和“瓢泼水流”的道理，让他明白做学问要持之以恒，否则会一事无成，天才也会成为废物。老师还领他到一棵大树下，问他小树是怎样长大的，让他明白小树的成长是日积月累的结果，成长的过程是肉眼看不见的，但大树是小树长大的成果；人学知识也是个积累的过程，天天荒废学业，终将一无是处。

罗贯中此后一改顽性，发愤图强，成了出类拔萃的学生。他没有走考科举做官的路，而是选择了一条艰苦创业的路——写书。他将自己从民间收集来的三国故事，通过自己的颖悟，撰写成了《三国演义》，终成流芳万世的大业。

lǚ 吕

得姓　源于姜姓，出自帝舜晚年赐伯夷吕氏，属于以国名为氏。
郡望　河东郡、淮南郡、东平郡、金华郡、晋江郡。
堂号　河东堂、渭滨堂、东莱堂、锦上堂、明烟堂、敬和堂、三相堂、着存堂等。

相传上古华夏部落首领炎帝神农氏，因居姜水流域，故以姜为姓。帝舜时，姜姓后裔伯夷为掌管礼仪的秩宗，帮助舜治理部落联盟，很有政绩。禹代行天子时，伯夷尽心辅弼，成为禹的心腹大臣，受封“吕侯”，建立了吕国。春秋初年，吕国被楚国所灭，吕姓子孙以国为氏，散居于韩、魏、齐、鲁之地，史称吕姓正宗，伯夷则被列为吕姓始祖。

吕氏是一个多民族、多源流的姓氏群体。随着历史的发展，本是汉姓的吕姓，在蒙古、朝鲜、瑶、土家、纳西等少数民族中也有分布。吕姓发源地应在今河南省南阳西一带，但迁移频繁，所以分布比较广泛。在中国国内以安徽、河南、山西、山东、浙江、福建分布较多，其中河南、山东两省吕姓人口最多。

吕姓作为中国一大姓氏，名人辈出，各行各业均有吕姓锋芒毕露者。三国人物吕蒙、吕布更是人们耳熟能详的杰出人物。

吕蒙小的时候家里很穷，靠姐夫接济生活，没有机会读书，后来跟着姐夫打仗很勇敢，最终得到了孙权的赏识。目不识丁的他以为凭勇敢就能打天下。有一次，孙权很认真地对吕蒙说：“你现在是国家的栋梁，要好好读书啊。”吕蒙嬉皮笑脸地回答说：“我现在整天打仗，忙得很呢，哪里有时间读书啊。”孙权很严肃地对他说：“我这个当国君的要比你还忙吧？我读了那么多书还嫌不够用，现在还抽空读许多史书和兵书，很有好处啊。你看现在曹操这么老了，还很好学呢，你可不要把我的话当玩笑啊。”

于是吕蒙一有空就读书，学识长进得很快。有一次，当时的大知识分子鲁肃和吕蒙一起讨论国家大事，鲁肃常常被吕蒙问得不知道该怎么回答。鲁肃很高兴地拍着吕蒙的背说：“以前我以为你这个大老粗只是在军事方面有本事，现在才知道你学问很好啊，看法独到，你再也不是以前吴下（吴国）的那个阿蒙了！”吕蒙很自信地笑着说：“士别三日，当刮目相看，你怎么能用老眼光看我呢。”

máo
毛

得姓　源于姬姓，出自周武王母弟毛叔郑的封地毛国，属于以国名为氏。

郡望　西河郡、荥（xíng）阳郡、北地郡、河阳郡。

堂号　西河堂、荥阳堂、河阳堂、北地堂、舌师堂。

周文王之子毛叔郑受封于毛邑（今河南宜阳），爵位为伯，故世称伯聃（伯明），以封邑取名毛伯聃，在周王室任司空之职，负责土木工程建筑事务，为周成王六卿之一。毛公的后代子孙就以封邑名“毛”命姓，称毛氏。

毛姓名人很多，战国时的毛遂当属较早记入史册的名人。

战国时，秦国出兵攻打赵国，包围了赵都邯郸，情况十分危急，赵王派平原君前往楚国，请求援救。平原君打算在其门下食客中挑选出二十个文武人才一同前往，可是挑来选去就只选出十九个。这时，有一个名叫毛遂的人，主动向平原君自我推荐，请求加入前往楚国的行列。平原君问："你在我门下多久了？"毛遂回答："三年了。"平原君说："一个真正有才能的人，就好像一把放在袋子里的锥子一样，立刻就会显露出锋利的锥尖。而你在我门下三年了，我却没听说过你有什么表现，你还是留下吧！"毛遂说："我现在自我推荐，就是请求你把我放进袋子里，如果早点有这样的机会，那我就不只是露出锥尖而已，而是早就显露才能，锋芒毕露了！"平原君觉得毛遂说得有道理，就答应让他一同前往。到了楚国，平原君和楚王会谈，从早上到中午，都还没有结果。毛遂于是持剑走到楚王面前，极力说明赵、楚联合抗秦的利害关系。楚王终于被说服，答应赵国愿意出兵援救。两国当场歃（shà）血为盟，誓守联合抗秦的盟约。毛遂这次不仅帮平原君完成任务，也为国家立下了功劳，并获得了"三寸之舌，强于百万之师"的美誉，让大家对他刮目相看，平原君因此待他为上宾。

后来这个故事被浓缩成"毛遂自荐"这个成语，比喻自告奋勇，自我推荐。

pān
潘

得姓 出于姬姓、源于姚姓，是上古舜帝姚重华后裔，是以国名为姓。

郡望 荥阳郡、广宗郡、河南郡、豫章郡。

堂号 黄门堂、荣杨堂、承志堂、花果堂、世德堂、荥阳堂等。

毕公高是周文王的儿子，被他当天子的兄弟封在毕地，也就是现在陕西省长安和成阳以北的一带。后来，他又把自己的儿子季孙封在潘这个地方，于是，周文王的这一支子孙就按照当时的习惯，纷纷以国为氏，以潘为姓。潘姓的最早发源地，也在陕西的北部。

潘姓是一个具有悠久历史的中国姓氏，属于超级大姓。汉代后，潘姓的知名人士不绝于史书，堪称济济多才，且能文能武。

潘璋，三国时东吴十二虎臣之一，以英勇善战而为人称道。他跟随孙权屡建功业，被封为“武威校尉”。在与曹操军战于合肥的一仗中，曹操大将张辽发动突袭，吴国诸将没有防备，陈武战死，宋谦、徐盛等人败逃。潘璋跟随在后，驱马前进，斩杀了两个宋谦、徐盛军中的逃跑者，于是士兵都回身迎战，不敢再逃战，孙权称赞他的勇敢果断，任命他为偏将军。后来孙权袭击关羽，关羽退守麦城，吴范预测关羽伪降，孙权于是派遣潘璋和朱然截断关羽退路。潘璋来到临沮，驻扎在夹石。十二月，潘璋部下司马马忠在章乡活捉了关羽、关平、都督赵累等人，孙权称帝后，拜潘璋为右将军。

péng

彭

得姓 为祝融之后，属于以国为氏。

郡望 陇西郡、淮阳郡、宜春县。

堂号 陇西堂、淮阳堂、玄菟堂、宜春堂、彭城堂。

陆终的第三个儿子，颛顼的孙子因封于彭城，故称为彭祖。

相传在三皇五帝中的尧帝时期，中原地区洪水泛滥成灾。作为当时部落首领的尧帝指挥治水，由于长期心怀部落和部众安危，尧帝积劳成疾，卧病在床，数天滴水未进，生命垂危。就在这危急关头，彭祖根据自己的养生之道，立刻下厨做了一道野鸡汤。汤还没端到跟前，尧帝远远闻见香味，竟然翻身跃起，食指大动，随后一饮而尽，次日容光焕发。此后尧帝每日必食此鸡汤，虽日理万机，却百病不生。之后尧便把彭城封给他，所以后世称他为彭祖。

彭姓分布广泛，彭姓名人亦遍及各个领域，文武双全。

彭越为秦末汉初名将，楚汉对峙时，彭越一直领兵游动作战于梁、楚之地，常袭扰楚的后方，打击楚国的补给，用敌进我退，敌退我追的战术，使项羽两面作战疲于应付，楚军的粮食装备得不到补给，也给了前线汉军不被项羽歼灭的机会，以帮助刘邦在主要战场的作战。楚汉战争正是在刘邦的正面防御，韩信的千里包抄，和彭越后方游击战的基础上，才在最后的垓下之战中有机会歼灭项羽麾下疲惫的部队，并取得了最终的胜利。彭越的这种做法被称为“彭越挠楚”，成为古代兵法计谋的一种，意思就是兵分多路，一部分兵力从不同方向对敌人进行佯攻袭扰，牵制敌人使其首尾不能相救，另一部分兵力绕道对其他目标进行实攻，在《三国演义》中还有此计谋的使用。

qí

齐

得姓 源于姜姓，出自周朝功臣姜太公子牙的封地齐国，属于以国名为氏。

郡望 汝南郡、高阳郡、中山郡。

堂号 中山堂、高阳堂、汝南堂、简礼堂。

齐氏始祖姜太公，是炎帝之后，周武王伐商时，他歼敌立功，是周朝的第一开国功臣。周成王时姜太公受封于齐地，建都营丘，授以征讨五侯九伯的特权，地位在各封国之上。春秋末年，齐国被田氏所灭，王族后裔子孙多有以国名为姓氏者，以怀念曾经的辉煌和失国的凄惨，称齐氏。

得姓以来，齐姓繁衍发展得很快，从古至今，齐姓名人层出不穷。绘画大师齐白石就是其中令人敬仰的一位。

齐白石是近现代中国的绘画大师。抗日战争爆发不久，北平沦陷，许多日伪的高官都想得到齐白石先生的画作和印章。于是他们纷纷跑到齐家与老先生套近乎——不是这个请吃饭，就是那个送东西，时不常地还邀请老先生去参加各种盛典，但齐老先生一律拒绝。没想到这些人却锲而不舍，老先生不堪其扰，索性闭门谢客，还在门上贴了一张纸条："白石老人心病发作，停止见客。"可这样一来，家里的生活就成了难题。为了不给这些日伪官员可乘之机，老人在纸条上声明："中外官长买画者，用代表人即可，不必亲驾到门。从来官不入民家，官入民家，主人不利。谨此告知，恕不接见。"到了1943年，八十多岁的齐白石先生实在没有精力再与日伪周旋，就在大门上贴上四个大字："停止卖画。"虽然这样导致生活窘迫，但面对亲朋的关心时，老人以一句诗作答："寿高不死羞为贼，不丑长安作饿饕。"这是老人不屈精神的写照，值得后人敬佩。

qín

秦

得姓 源自嬴姓和姚姓：出自嬴姓，为颛顼帝的后裔，属于以国名为氏。

郡望 天水郡、太原郡、齐郡、河内郡。

堂号 除以望立堂天水堂、临淄堂、河内堂、太原堂外，还有三贤堂、乐善堂等。

秦非子是一位鲜为人知的重要历史人物，他是秦国先祖中第一个被周王室分封的人，在秦的发展史上则是创立秦国当之无愧的奠基人。

当年周孝王为了振兴王室，抵御北方戎狄的侵扰，选择了千河、渭水之间这块土壤肥沃的天然牧场大养其马。周孝王对这件富国强兵的大事十分重视，每年都要去牧场检阅一番。有一年秋天，周孝王去巡视马匹饲养情况，得知非子极会养马，马只要一经他手，就会又肥又俊。孝王立即命养马的小臣带非子来见。孝公问及养马之道，非子对答如流，对于马匹的调养、训练、繁殖和疾病防治等，都能说出一套高超的办法。孝王听后十分高兴，就让他主管这一带的马场。非子受命之后，处处尽职尽责，不几年工夫，马匹数目大大增加，而且养得雄俊无比，孝王每年来看都非常满意。为了奖赏和表彰非子的功劳，孝王封赐他几十里地，地名为秦，并号曰“秦嬴”。他的后世子孙就以国名为姓，这也是秦姓的一大宗派。

在中国的秦姓主要划分为两支，分别为西北的一支和东部及东南部的一支。前一支为颛顼嬴姓的后代，发源地是甘肃省天水的故秦地。后一支则为黄帝姬姓的后代，其发源地在今河南范县及山东曲阜一带，后来发展成为中国秦姓繁衍的主流，而且其从一开始就向陕西省境内及湖北省播迁。

在家族史上，秦姓出现了大量名人，并分布于各个领域之中。中国古代五大医学家之首的扁鹊，就是秦姓人引以为自豪的一位。

扁鹊，姓秦，名缓，字越人，是战国时著名医学家。

一次扁鹊到了虢国，听说虢国太子突然暴病身亡，只因不足半日，还没有装殓。扁鹊觉得蹊跷，于是赶到宫门告诉中庶子，称自己能够让太子复活。中庶子认为他所说是无稽之谈，人死哪有复生的道理。扁鹊长叹说："如果不相信我的话，可试着诊视太子，应该能够听到他耳鸣，看见他的鼻子肿了，并且大腿及至阴部还有温热之感。"中庶子闻言赶快入宫禀报，按照扁鹊所说一一诊视，果然如是。虢君大惊，亲自出来迎接扁鹊。

扁鹊说："太子所得的病，就是所谓的'尸厥'。人接受天地之间的阴阳二气，阳主上主表，阴主下主里，阴阳和合，身体健康；现在太子阴阳二气失调，内外不通，上下不通，导致太子气脉纷乱，面色全无，失去知觉，形静如死，其实并没有死。"

扁鹊于是命弟子协助自己用针砭进行急救，刺太子三阳五会诸穴。不久太子果然醒了过来。扁鹊又将加减方剂，让太子服下，不多久，太子便坐了起来。然后扁鹊用汤剂调理太子的阴阳，二十多天过去，太子的病就痊愈了。

这件事传出后，人们都说扁鹊有起死回生的绝技。

sòng 宋

得姓　源于子姓，属于以国名为氏。

郡望　京兆郡、西河郡、广平郡、敦煌郡、河南郡、乐陵县、江夏郡。

堂号　拱微堂、京兆堂、西河堂、扶风堂、江夏堂、乐陵堂等。

宋姓，是中国古老而又辉煌的姓氏之一。商朝传到帝乙时已走向衰败，帝乙的长子叫子启，是商纣王的庶兄，最初封在微（在殷墟附近），故称微子启，原为太子，按理应当继承帝位。但帝乙废太子，立纣王为嗣，纣王继位后，荒淫无道，微子启屡谏不从。周武王克商灭纣，建立周朝后，封微子启于商丘，建立了宋国，微子启仁德贤明，深得人民的爱戴。战国后期，宋国被齐、楚、魏三国瓜分，宋国遗民子孙便以国名为姓，称为宋氏。从商王武丁封宋算起，子姓宋氏起源的历史至少有3200年，国灭后普遍使用宋氏的时间也有近2300年。这是一支非常古老的姓氏，史称宋氏正宗。

宋姓历代名人收录于《中国人名大辞典》的有二百多人，其中文人更是占了多数。楚国宋玉就是其中之一。“下里巴人”、“阳春白雪”、“曲高和寡”、“宋玉东墙”的典故皆是因他而来。

宋玉好辞赋，是屈原之后辞赋大家，流传作品有《九辨》《高唐赋》《登徒子好色赋》等。

有一次，楚王问宋玉：“人们经常在后面议论你，对你不满意，是不是你的行为哪里不端正，要好好检讨一下！”宋玉非常聪明，而且能言善辩，回答说：“有一个外地人在市中心唱歌，他先是唱《下里巴人》一类的通俗民谣，人们很熟悉，有几千人都跟着唱起来。后来，他唱起《阳阿》、《薤（xiè）露》等意境较深一些的曲子，只有几百人能跟着唱。再后来，他开始唱《阳春白雪》这类高深的曲子时，只剩下几十人跟着唱。最后他唱起用商调、羽调和征调谱成的曲子时，人们都走开了，仅剩下两三个人能听懂，勉强跟着唱。可见，曲子越深，跟着唱的人就越少。”这就是成语“曲高和寡”的典故。

tán

谭

得姓 出自姒姓，属于以国为氏。
郡望 济阳郡、齐郡、弘农郡。
堂号 善断堂、端洁堂、济南堂、弘农堂等。

周朝时，周公大封诸侯，姒姓的一支被封于谭国（今山东章丘市西），爵位为子。相传是伯益（伯益是嬴氏的始祖）的后代的封地，春秋初期，齐桓公吞并了谭国，此地成为齐国的土地，谭国国君之子逃亡到莒国（今山东莒县），但谭国居民或贵族的后代多以国名为姓氏，称为谭氏，史称谭氏正宗。

谭姓家族中名人辈出，其中著名维新派人物谭嗣同，就是谭姓家族中令人骄傲的一员。

1898 年，“戊戌六君子”之一的谭嗣同参加戊戌变法。变法失败后，他放弃了一切逃脱的途径，决心以死来殉变法事业，用自己的牺牲去向封建顽固势力作最后一次反抗。在狱中，他镇定自若，还写下了绝命诗：“望门投止思张俭，忍死须臾待杜根。我自横刀向天笑，去留肝胆两昆仑。”1898 年 9 月 28 日，他与其他五位维新人士在北京宣武门外的菜市口刑场英勇就义。当时，刑场上观看者上万人。他神色不变，临终时还大声说：“有心杀贼，无力回天，死得其所，快哉！快哉！”其言其行，充分表现了一位爱国志士舍身报国的英雄气概。

táng

唐

得姓　源自轩辕氏，属于以国为氏。

郡望　晋昌郡、北海郡、鲁郡、晋阳郡。

堂号　除了因郡立堂的晋阳堂、晋昌堂、鲁国堂、北海堂外，还有禅让堂、圣仁求正堂。

相传尧最初被封在陶这个地方，后来迁到唐，所以被称为陶唐氏。尧成为天子后，开始以“唐”为国号，所以又称唐尧。尧死后，舜封他的儿子丹朱为唐（今山西省翼城县）侯。唐国经历夏商两代，周初被周公灭掉。周成王封弟弟叔虞在唐，改封唐侯后人为杜伯（把唐公及其后人迁于杜城，降爵为伯），称为唐杜氏。唐杜氏的后代就以国名为姓氏，称唐氏。唐氏后人将唐尧奉为唐姓的得姓始祖。另外唐叔虞的子孙也以国为氏，后来就姓了唐。

唐姓属于超级大姓，家族中的名人更是如繁星一般，历朝历代不绝于史册。晋国开国诸侯唐叔虞，战国时期外交家唐雎，明朝著名的画家和文学家唐寅都是其中的佼佼者。

唐寅，字伯虎，小时候就在绘画方面显示了超人的才华，年龄大一点后，就拜大画家沈周为师学画。来到沈周门下后，唐伯虎更加刻苦勤奋，很快掌握了绘画技艺，深受沈周的称赞。不料，由于沈周的称赞，使一向谦虚的唐伯虎也渐渐产生了自满的情绪，甚至要找借口离开师傅回家。沈周看在眼中，记在心里。一次师徒二人喝酒谈天，酒兴正酣时，沈周让唐伯虎去开窗户，唐伯虎伸手开窗，却怎么也推不开。仔细观察之下，才发现这两扇窗竟然是老师画的。唐伯虎恍然大悟，明白了老师的良苦用心，跪在沈周面前说：“弟子无知，请老师原谅。我要留下来继续学习。”从此，唐伯虎潜心学画，最终成为一代大家。

wāng

汪

得姓 为汪芒氏所改；源于姬姓，出自春秋时期鲁国君主成公姬黑肱次子姬汪后裔；源于汪野国，出自秦、汉时期西北地区汪野国，属于以国名为氏。

郡望 平阳郡、新安郡、六桂。

堂号 平阳堂、六桂堂、婺源堂、新安堂、吴兴堂、越国堂、忠勤堂。

汪罔，古国名，被后世讹为汪芒国，国君防风氏。夏朝国君禹召集群神到会稽山，防风氏因为晚到，而被禹杀头。汪罔国人遂迁居至湖州的深山里，称汪罔氏。汪罔国后为楚国所灭，国人避之于安徽歙（shè）县，改称汪氏。

汪姓得姓之后，家族甚旺。尤其是宋代以后，汪姓迅速繁衍起来，成为我国南方的一个典型大姓。汪氏名人更是遍及各个年龄和阶层，令他姓羡慕不已。唐朝的汪伦本是一介平民，和李白的渊源使他成为家喻户晓的人物，那首《赠汪伦》也随之流传至今。

话说唐天宝年间，汪伦听说大诗人李白旅居南陵叔父李冰阳家，便写信邀请李白到家中做客。信上说：“先生好游乎？此处有十里桃花。先生好饮乎？此处有万家酒店。”李白素好饮酒，又闻有如此美景，欣然应邀而至，却未见信中所言盛景。汪伦盛情款待，搬出用桃花潭水酿成的美酒与李白同饮，并笑着告诉李白：“桃花者，十里外潭水名也，并无十里桃花。万家者，开酒店的主人姓万，并非有万家酒店。”李白听后大笑不止，并不以为被愚弄，反而被汪伦的盛情所感动。适逢春风桃李花开日，群山无处不飞红，加之潭水深碧，清澈晶莹，翠峦倒映，风景迷人。汪伦留李白连住数日，每日以美酒相待。李白离开时，汪伦设宴为李白饯行，并拍手踏脚，歌唱民间的《踏歌》相送，并又挑来两坛酒赠于李白。李白深深感激汪伦的盛意，作《赠汪伦》诗一首：“李白乘舟将欲行，忽闻岸上踏歌声。桃花潭水深千尺，不及汪伦送我情。”这首诗描写朋友之间的友情，情真意切，千古动人心，汪伦也因而名留千古，妇孺皆知。

wéi

韦

得姓　源于彭姓，起源于豕韦国，属于以国为姓。

郡望　京兆郡。

堂号　扶阳堂、京兆堂。

西汉初年，功臣韩信被吕后所杀，韩信一族遭灭门之灾，萧何暗中派人将韩信的幼子送往南越王那里（今广东、广西一带）躲避，韩信的儿子为躲避仇家，就以“韩”字的半边“韦”作为姓氏，世代相传下来。

韦氏名人众多，上至国君，下至平民，纵横多个领域，个个光彩夺目，如皆为宰相的汉代韦贤、韦玄成父子，唐代诗人韦应物，三国时学者韦昭，五代后蜀诗人韦庄等。

韦述出身于世代官宦之门，一生嗜学著书，在经学、史学、文学等诸方面都有不凡造诣，尤其在史学上成就极高，是唐玄宗时期十八学士的第八位。韦述小时不仅十分聪慧，而且极为好学。他家里有两千卷的藏书，韦述不但一一读完，还都做了详尽的批注。周围人十分惊讶。当时的大儒元行冲是他的表叔，机缘巧合韦述得以进到元行冲的书斋看书，元行冲和他谈古论今，发现韦述对问题的看法极为深刻，令元行冲大为惊讶，称他是“我外祖母家的宝贝”。韦述中进士时年纪不大，个子也不高。考官宋之问问他：“韦学士童年有何事业？”韦述对曰：“我就喜欢写书。我写了《唐春秋》三十卷，遗憾的是还没有写完。”宋之问非常高兴，说：“本来就是想求得奇才，果然得到了司马迁、班固。”韦述做官后在书府典掌图书 40 年，任史职 20 年，使他有幸成为当时京城藏书一大家。安史之乱时，长安失守，仓促之中，韦述仅怀抱《国史》藏于长安附近南山之中。后韦述遭流放，因不堪受辱，绝食而死。韦述保存下来的《国史》成为安史之乱后所存无几的唐朝历史的真实记录。

wèi 魏

得姓 出自姬姓，为周文王裔孙毕万之后，属于以邑为氏或以国名为氏。

郡望 巨鹿郡、任城郡。

堂号 九合堂、巨鹿堂、源本堂、敬爱堂、治礼堂、十思堂等。

周文王的儿子毕公高受封于毕，其孙毕万后来投奔到晋国，成为大夫。晋献公念毕万在晋国灭霍、耿、魏三国中功勋卓著，于是将原是姬姓国的魏地赐给毕万为邑。其后子孙以邑为氏，称为魏氏。公元前 445 年，毕万的后代魏斯建立魏国，公元前 225 年魏国被秦所灭后，亡国的魏国王族以国名为氏，形成魏姓最重要的一支，史称魏姓正宗。

魏姓得姓后，发展迅速，至宋末已经成为中国一大姓氏。魏姓历史上出现了众多名人，仅收录在《中国人名大辞典》中的历代名人就有二百多位，各行各业均有所涉及。

唐代名臣魏征一向主张取信于民，不要朝令夕改，让人无所适从。唐朝原定 18 岁的男子才能参加征兵服役。一次，为了多征兵巩固边境，唐太宗要求 16 岁以上男子全部应征，魏征坚决不同意。他说："涸泽而渔，焚林而猎，是杀鸡取卵的做法。兵不在多而在精，何必为了充数把不够年龄的人也弄来呢？况且这也是失信于民。"唐太宗问自己是否有失信于民的事，魏征举了三个例子。太宗听了虽然觉得言辞尖刻，难听刺耳，但心中仍很高兴，认为魏征忠于朝廷，是以精诚之心辅佐自己以信义治国，于是便下令停止执行征召中男入伍，同时奖赏魏征金瓮一口，以资鼓励。

魏征病死后，唐太宗很难过，他流着眼泪说："夫以铜为镜，可以正衣冠；以古为镜，可以知兴替；以人为镜，可以明得失。……今魏征殂逝，遂亡一镜矣！"这堪称对魏征人生价值的最佳诠释。

wú

吴

得姓　源于姜姓，出自炎帝大臣吴权之后裔；源于姬姓，出自黄帝后裔古公亶父之子太伯（泰伯）；源于有虞氏，出自周文王时虞仲的封地虞国，属于以国名为氏。

郡望　浦海、延陵、渤海、濮阳、陈留、汝南、长沙、武昌、吴兴。

堂号　除了渤海堂、武昌堂、汝南堂、长沙堂、吴兴堂、陈留堂、濮阳堂八个以望立堂的堂号外，还有延陵堂、至德堂。

炎帝的大臣中有一个叫吴权的人，他的后代是中国乐曲的发明者。《山海经·海内经》就记载了一个有趣、奇异的故事：当时有一个勇敢剽悍，善于狩猎，以“吴”为称号的原始氏族，吴权就属于这个远古的吴氏族。吴权的妻子叫阿女缘妇，她怀孕三年后一胎生 3 子，分别叫鼓、延、殳。鼓和延就是传说里钟的发明者，也是乐曲的最早发明创制人。古吴族人的后裔，都是吴氏之源。所以后来吴权的后裔就以吴为氏，成为最早的吴姓的一支。

吴姓起源有几千年历史，吴姓名人在这千百年间也是层出不穷，横贯各界。

吴道子是唐朝著名的画家，据说他的画作皆有传神妙笔。有一次他去访问某僧人，欲讨杯茶喝，但此僧对他不太礼貌。他很气愤，就请来笔砚，迅速地在僧房墙壁上画了一头驴，然后离去。不料一天晚上，他画的驴变成了真驴，恼怒异常，满屋地尥蹶子，把僧房的家具等物都给践踏得乱七八糟。僧人知道是吴道子所画的驴在作怪，只好去恳求他，请他把壁上画涂抹掉。果然，吴道子涂掉之后就相安无事了。这虽是个传说，但是也反映了吴道子画动物具有传神之笔。

xià

夏

得姓　源于姒姓，出自夏王朝大禹之后裔，属于以国名为氏。

郡望　会稽郡、谯郡、高阳郡、鲁郡。

堂号　除以望立堂的会稽堂、谯国堂、高阳堂、鲁国堂，还有平水堂、正德堂。

大禹因为治水有功，舜封他在夏（今河南登封市东），还把帝位传给了他。夏禹死后，其子启继位，建立了中国历史上第一个奴隶制国家——夏朝。后来因夏桀的暴虐无道，终被商汤推翻，建立了商王朝。夏王族及其后代子孙便以国为氏，称为夏氏。

荆轲刺秦王的故事大家都很熟悉，在这个故事中，有一个夏姓的侍医，由于“以药囊捉荆轲”，而被列入了《史记》的“刺客传”。这名夏姓侍医就是夏无且（jū）。

当时荆轲拿了地图捧送给秦王，当地图全部打开时，藏在图里的匕首就露了出来。于是荆轲左手抓住秦王的衣袖，右手拿着匕首刺秦王。因为一时情急，匕首没有刺到秦王的身上，秦王非常害怕，站直身体，挣断了袖子。因为心里又怕又急，秦王一时没能拔出剑来，只是绕着柱子跑，荆轲就在后面追。秦国的群臣都惊呆了：按照秦国的法律，臣子们侍立在殿上的，不能带任何兵器；那些握着武器的宫廷侍卫，都排列在宫殿的台阶下面，没有君王的命令不能上殿，当此危急的时候，所有的大臣都处在惊惶失措之中。

这时，秦王的随从医官夏无且急中生智，用他手里捧着的药袋投击荆轲。而后，秦王也在侍臣们的提示下拔出剑砍断了荆轲的左大腿。荆轲倒下时，将手中的匕首投向秦王，可惜力道不够，只击中了柱子。秦王又举剑砍击荆轲，荆轲被砍伤了八处。此时排列在殿下的秦王侍臣一拥上前，斩杀了荆轲。

传神妙笔吴道子
丙申年

xiè

谢

得姓 源于姜姓，出自炎帝后裔申伯后裔的封地谢邑，称为“申国”，又称“谢国”。后子孙以“谢”为氏。属于以国名为氏。

郡望 陈郡、会稽、南阳、冯翊、下邳、汝南、东郡、彭城、九江、庐江、牂牁、敦煌。

堂号 以郡望为堂号外，还有威怀、安晋、东山、宝树堂号。

相传上古部落首领炎帝的后裔申伯曾经被封于谢邑，公元前688年，楚文王灭申国，吞谢邑，居于谢邑的申伯子孙按照当时的习惯，以新都之邑名为氏，称谢氏，史称谢姓正宗。

得姓后，尤其在三国至南北朝时，谢姓家族成了天下最著名的家族之一，如今谢姓人在全国分布广泛，堪称大姓。从先秦至今，历朝历代均有谢姓名人载入史册。

距今1600多年的晋朝时代，爆发了一场以少胜多的著名战争——淝水之战。东晋以八万人马，打败了号称百万人马的前秦八十万大军。

公元383年，前秦的力量空前强大，北方各少数民族纷纷臣服，前秦皇帝苻坚拥有雄兵百万，战将千员，于是发兵攻打东晋，要扫平江南。东晋的皇帝急招宰相谢安进宫商讨御敌大计，并令其统领八万人马抗击秦军。

谢安在大军压境之际一如既往，照样下棋，弹琴，饮酒，作诗，闭口不谈大战之事。领军大将谢玄是他的侄儿，看到叔叔如此，虽然心中焦急万分，却不敢再三追问，又放不下心，就和大都督谢石（谢安的弟弟），辅国将军谢琰（谢安的儿子）一同去看望谢安。

眼见谢安从从容容，好像没事一样，三人深受感染，知道他肯定胸有成竹了。三人回去后，各司其职，各练其兵，兵民们一看，也是人不慌，国不乱。军民上下，严阵以待。

前秦兵马攻打下寿阳城后，令五万人马驻守洛涧。前秦军主将苻融得到晋兵缺粮的消息后，马上请苻坚火速出兵，以免晋军退走。苻坚得到消息马上把大军留在河南项城，自领轻骑八千，星夜驰往寿阳。大都督谢石和先锋都督谢玄得知前秦军人马未齐后，谢玄马上命五千精兵攻打洛涧。领兵的将领刘牢之奋勇当先大破敌军，毙敌一万五千人，大获全胜。洛涧大捷后，谢石命全军水路齐进，八万精兵声势浩大。前秦军大败人心恐慌，寿阳城上苻坚惊慌失措，看哪儿都是晋军，看着八公山上的草木，都像是晋兵。这就是成语“草木皆兵”的由来。随后在淝水两军的大决战中，晋军彻底打败了前秦军，获得了淝水之战的最终胜利。

xú

徐

得姓　源于嬴姓，属于以国名为氏。

郡望　东海郡、高平郡、高宛郡、琅邪郡、濮阳郡。

堂号　东海堂、高平堂、高宛堂、琅琊堂、雪山堂。

徐若木是伯益的儿子，伯益曾因辅佐大禹治水成功立下了汗马功劳，因此在论功行赏时，伯益的儿子若木被封到古代的徐城，并建立了徐国。徐国历夏、商、周三朝代，一直活跃在江淮之间，战国时，徐国的版图最终归入楚国。因若木首封徐国，徐国的子孙遂以国名为氏，其后代以国为氏，称为徐氏，散居于江淮之间，代代相传至今。

《中国人名大辞典》中收入了徐姓历代名人六百多人，位列前十名，不论文学、医学还是美术，都有多位徐姓名人的一席之位。如三国名士徐庶，南朝陈文学家徐陵，明朝名将徐达，地理学家徐霞客，科学家徐光启，清朝医学家徐大椿，民国诗人徐志摩，画家徐悲鸿等。

徐霞客，明朝人，著名的地理学家、旅行家和探险家，著有《徐霞客游记》，被称为“千古奇人”。1637年正月的一天，徐霞客来到湖南茶陵以西的一个小镇。在客店吃饭时，他向店主打听道：“老哥，不知去麻叶洞怎么个走法？”店主一听“麻叶洞”三个字，脸色顿时大变，惶惶然回答说：“快不要提麻叶洞，里面的妖精年年作怪，有两个书生不听劝，进去就再没出来！”

徐霞客听店主这么一说，游兴反而大增。好不容易盼到天明，他立即按照打听的路线直奔麻叶洞而去。到得洞口，四下一看，只见奇峰高耸，怪石嶙峋，那麻叶洞在松柏掩映之下，隐约可见。好个险恶去处！他不慌不忙，徐徐点燃手中火把，便向黑洞钻将进去。那洞口甚是狭窄，仅容一人通过。洞内冷气袭人，阴森可怖，不时有水珠猛不防滴在颈上，令人毛骨悚然。也不知七拐八弯走了多少时间，只见侧面突然有一丝亮光，徐霞客忙绕了过去，随即被眼前的奇景惊得目瞪口呆：头顶的巨石上，齐刷刷裂开一丝狭缝，阳光从缝隙中射入，把洞中的景象映得宛如仙境一般。朦胧中，但见根根石柱从洞顶垂下，棵棵石笋从地上生出，千姿百态，变化万千，令人目不暇接。徐霞客心中明白，这是流水侵蚀岩石，溶化在水中的石膏（碳酸钙）逐渐凝结而形成的。像这样奇特的景观，他还是第一次见到，不觉暗自庆幸，亏得没听店主的话，否则岂不遗恨终生？

xǔ

许

得姓　出自姜姓，属于以国为氏。

郡望　汝南郡、高阳郡、河南郡、太原郡、会稽郡。

堂号　洗耳堂、得仁堂、训诂堂。

许姓是炎帝神农氏的后裔，为上古四岳伯夷之后。“四岳”（尧舜时四方部落首领）是由姜姓发展出来的四支胞族，他们和姬姓部落结成联盟，跟“子姓”商族平行发展。后来以姬姓和姜姓部落为主的盟军打败了商纣王，建立了姬姓国——西周。周成王时，大规模地分封诸侯，许国正是被分封的诸侯国之一，战国初期许国被楚所灭。亡国后，许国子孙就以国为氏，称许氏，史称许姓正宗。该支许姓族人以高阳（今河北高阳旧城）为郡望。

许姓名人见于各朝各代，比如《说文解字》的作者许慎、以“山雨欲来风满楼”一句为世人传诵的许浑、集贤殿大学士许有壬、刚直不阿的许天赐等等。

许攸（yōu）本是袁绍帐下的谋士，官渡之战时许攸家里有人犯法，留守邺城的官员将他们逮捕。许攸知道后大怒，就投奔了曹操，并为曹操设下偷袭袁绍军屯粮之所乌巢的计策。曹操听计后大喜，选精兵假扮袁军，拿着柴草向乌巢出发，遇上其他人问话时，一律回答：“袁绍怕曹操突然袭击，派我们把守。”袁军不疑有诈，放其通行。到达乌巢后，曹军放火，一时间营中大乱，粮草被烧得一干二净，袁军大败。乌巢失守后，正在攻打曹军营寨的张合、高览投降，袁军全盘崩溃，袁绍仅带着八百骑兵逃回河北，曹操大获全胜。后来许攸又随曹操平定冀州，但是因为他总是自恃有功，常常口出狂言，触到了曹操的底线，最终被曹操所杀。

yáng

杨

得姓　出自姬姓，为黄帝后裔，属于以国为氏。姬姓杨氏占所有杨氏的主流。

郡望　弘农郡，天水郡，河内郡等。

堂号　弘农堂、关西堂、四知堂、光裕堂、赐书堂等。

据史书记载，杨姓源于晋地的杨国（今山西洪洞县东南）。春秋时期，晋国内乱，晋献公相继消灭周围各个小国，包括杨国。随后，献公将其二弟伯侨的领地封在杨这个地方，伯侨就以地取姓称为杨姓。由此伯侨成了杨氏得姓始祖。

杨姓人口众多，而记录在《中国人名大辞典》中的历代杨姓名人更是高达八百多人，贯穿各个行业，颇具大姓风采。

东汉名士杨震调任东莱太守的时候，路过昌邑，当时昌邑县令王密曾是他荐举的官员，听到杨震到来的消息，晚上王密便前去拜访，并带黄金十斤作为礼物（东汉时的一斤相当于今天的250克左右，黄金十斤相当于今天的五斤金，等于好几根金条了）。王密送这样的重礼，一是对杨震过去的举荐表示感谢，二是想请杨震以后再多加关照。杨震当场拒绝了这份礼物，并说："老朋友了解你，你却不了解老朋友，这是为什么呀？"王密以为杨震假装客气，便道："现在是深夜，不会有人知道的。"杨震立即生气了，说："天知、地知、你知、我知，怎么能说没人知道呢？"王密十分羞愧，只得带着礼物，狼狈而回。"杨震四知"成了千古美谈，其后人更是以"四知堂"为堂号，效法祖先的清廉家风。

yú

于

得姓　源于姬姓，出自周武王之子邘叔的封地邘国，属于以国名为氏。

于姓其他源流有因谥改姓为氏、以部落名称汉化为氏、以居邑名为氏、以部为氏、以官爵称号汉化为氏，以及汉化改姓为氏。

郡望　河南郡、东海郡、河内郡、京兆、广陵郡等。

堂号　河内堂、京兆堂、黎阳堂、忠肃堂、救民堂等。

据史籍《新唐书》记载，周文王的继承者周武王姬发成功克商之后，大举分封诸侯。他将其第二个儿子姬诞封在故邘国旧址（今河南沁阳西万镇邘部村），重新建立了姬姓邘国，称邘叔。后来，邘叔的子孙后代就以故国名为姓氏，有的称邘氏，有的则去邑称于氏，史称于氏正宗，是河南于氏。到了唐贞观年间，唐太宗李世民所定的皇族七姓中，有复姓淳于氏。到了公元 805 年唐宪宗即位后，因为“纯”、“淳”二字同音，为避讳皇帝名讳，遂将复姓淳于氏改为单姓于氏。由此出现复姓淳于氏家族所演化的于氏一族。

上古时代，于姓人皆居于邘国所在地（今日河南境内），历代于姓多在我国北方中原地区繁衍，可谓是一个典型的北方姓氏。经过漫长岁月不断的繁衍迁徙，终成为我国的大姓之一。于姓名人也是从文官到武将，几乎行行都有于姓之人。

于谦，明朝名臣，民族英雄。公元 1449 年，蒙古侵略军席卷南下，明英宗偏听全无军事常识的太监指划，结果土木堡一战，明朝五十万大军全军覆没，明英宗做了阶下囚。消息传到京城，有人主张南逃，有人主张投降。危急关头，于谦挺身而出，痛斥种种逃跑主义、投降主义，调集各路兵马保卫京城。敌方以明英宗为人质，要明朝朝廷投降，否则就杀掉英宗。有人又主张献城投降以保英宗之命。于谦却义正词严地质问：到底国家民族重要，还是英宗的个人生命重要？坚决拒绝敌军最后通牒。于谦带领 22 万大军，坚守京城，一次又一次打退敌人的进攻。侵略者见死伤惨重捞不到半点油水，又顾虑中原毕竟国大力大，就卖个顺水人情，在退军之时将明英宗送回明朝廷。明英宗回朝登位后，不思于谦抗敌之功，却找个借口把于谦下狱斩首，以泄私愤。一直到明英宗死后，明献宗登位，为了平息民愤收买人心，才下令为于谦平反昭雪。

zhāng

章

得姓 出自姜姓，为炎帝神农氏的后裔，属于以国名为氏。

郡望 武都郡、京兆郡、豫章郡、河间郡、全城郡。

堂号 武都堂、豫章堂、京兆堂、河间堂、全城堂、莱山堂、复生堂。

西周初，姜太公东征扩地时灭了任姓鄣国，他的一支子孙，便被封在鄣国。鄣国最初是杞国的附属，后来则被同宗的齐国所灭。鄣国子孙耻于同室操戈，也跟当时其他姓氏一样，去掉原来国名旁边代表地方的邑字，而以章为姓，史称章氏正宗，它的历史约有2600多年。

章姓自古出自名门之后，在战国时期既已为大姓。章姓人才济济，多孝子，多品德高尚之士。章乃器，就是其中之一。

章乃器是我国著名的爱国民主人士，是中国近代史上特立独行的爱国民主先驱。

章乃器从小聪慧，10岁时已能分辨忠奸良莠。当他在家乡看了《风波亭》这出戏后，十分痛恨秦桧夫妇陷害岳飞。于是与小伙伴们一起，用稻草扎了秦桧夫妇的样子，仿照大人弯弓投射。他祖父章楷先生看见后，顺口说道：“箭射秦桧。”章乃器不假思索地和道：“笔赞岳飞。”祖父点点头，接着说：“箭射秦桧奸贼。”章乃器马上答道：“笔赞岳飞忠臣。”祖父又说：“箭射秦桧，奸贼遗臭万年。”章乃器朗声答道：“笔赞岳飞，忠臣流芳百世。”

zhèng

郑

得姓　源于姬姓，出自周宣王之弟姬友的封地郑国，属于以国号为氏。

郡望　荥阳郡、洛阳郡、高密郡、雍州郡、陇西郡、南阳郡。

堂号　除以望立堂的荥阳堂、陇西堂、洛阳堂、高密堂、雍州堂、南阳堂外，还有通德堂、博经堂、安远堂。

公元前806年，周宣王封周厉王少子于郑，建立了西周的最后一个诸侯国——郑国。公元前375年，郑国被韩国消灭，国人散居于京（今河南荥阳京襄城）、制（今荥阳西）、祭（今河南郑州东）、陈（今河南淮阳）、宋（今河南商丘）等地，为纪念故国，郑国人相继改姓为郑，郑姓因此而诞生。

郑姓是一个多民族、多源流的古老姓氏，在全国的分布主要集中于广东、浙江、福建三省，广东为郑姓第一大省。

在中国历史上，郑氏人才济济，仅在“二十五史”中单独立传者就有443人，其中既有政治家、军事家，又有科学、文化等方面的名人。

郑成功，明末名将，著名的民族英雄，曾率将士数万人，自厦门出发，击败荷兰殖民者，收复台湾。

郑成功21岁这一年，清兵入关，山河破碎，明王朝腐败无能，奄奄一息。

当时唐王朱聿建在福州登基做了隆武皇帝。有一天，郑成功跟父亲一起上朝面见隆武皇帝。隆武皇帝见他少年英俊，器宇非凡，就问郑成功对天下形势有什么看法。郑成功沉吟片刻，从容不迫地说："翻开史册犹如明镜。国家朝政衰败，大都是由于营私舞弊的奸邪之徒，窃职弄权，残害忠良，丧失民心，以致毁弃江山。所以说天下兴亡匹夫有责，热血男儿谁能旁观？岳飞曾经说过，只要文官不爱钱，武将不怕死，则天下安矣。"隆武皇帝听了以后，觉得他说得很深刻，连连点头表示同意。

为了表示对郑成功的器重，隆武皇帝就赐郑成功姓朱。因为明朝是朱元璋传下来的朱氏的天下，赐姓朱就等于说是享受国姓的待遇。同时赐封郑成功为禁军提督，以驸马一样的礼仪来对待他。自此以后，海峡两岸的老百姓都称郑成功为"国姓爷"。

zēng

曾

得姓　出自姒姓，为夏禹的后裔，属于以国名为氏，是一个古老姓氏。

郡望　鲁郡、天水郡、庐陵郡、鲁阳县、武城郡。

堂号　三省堂、追远堂、武城堂、鲁阳堂、敦本堂、宗圣堂、守约堂、养志堂、若文堂等。

相传帝舜时，鲧的妻子因为在梦中吃了薏苡而生下禹，所以帝舜便赐予禹姒姓。相传夏禹的第5世孙少康中兴了夏室后，曾把自己最小的儿子曲烈封于一个叫"鄫"的地方，在今山东省苍山县西北。鄫国历经夏、商、周三代，一直到春秋时代才被莒国所灭。这时候，怀着亡国之痛的太子巫出奔到邻近的鲁国，并在鲁国做了官。其后代用原国名"鄫"为氏，后去邑旁，表示离开故城，称曾氏，就此世时代代承袭下来，一直流传到今天。

曾姓名人不少，作为孔子的弟子和儒家学派的重要代表人物，曾参是其中家喻户晓的人物，曾子避席的故事更是广为流传。

有一次曾子在孔子身边侍坐，孔子就问他："以前的圣贤之王有至高无上的德行，精要奥妙的理论，用来教导天下之人，人们就能和睦相处，君王和臣下之间也没有不满，你知道它们是什么吗？"曾子听了，明白老师孔子是要指点他最深刻的道理，于是立刻从坐着的席子上站起来，走到席子外面，恭恭敬敬地回答道："我不够聪明，哪里能知道，还请老师把这些道理教给我。"

在当时，"避席"是一种非常礼貌的行为，当曾子听到老师要向他传授时，站起身来，走到席子外向老师请教，是为了表示他对老师的尊重。

zōu

邹

得姓 源于姚姓，出自舜帝后裔姚姓族人开创建立的邹国；源于姬姓，出自战国时期鲁穆公所改设邹国，属于以国名为氏。

郡望 范阳郡、太原郡、广陵郡、南阳郡、渤海郡、丹阳郡。

堂号 除以望立堂的渤海堂、丹阳堂（亦称润州堂、丹杨堂、宛陵堂、丹徒堂、镇江堂）外，还有回春堂、古经堂、敦睦堂、显忠堂、中和堂、敦本堂、元恺堂等。

西周初年，颛顼的后裔曹侠建立了邾娄国（又名邾国）。邾娄国势小力单，一直为大国鲁国的附庸国，并屡受鲁国的欺压和掠夺。到战国时期，邾娄国以邾、娄合音鲁国人读作"邹"，因而强行改邾娄国为邹国。公元前 369 年到公元前 340 年间，楚宣王亲率楚军灭了邹国。邹国为楚国所吞并后，故国子民以原国之名为姓氏，称邹氏，世代相传至今，与曹氏、朱氏同宗同源，被称为荆州邹氏。

随着朝代更替，邹姓氏族逐渐繁衍壮大，邹姓名人也因为他们的言行作为被后人记住。

齐威王的大臣邹忌，身高八尺，长得英俊潇洒。某日他心血来潮，问他的妻、妾说，如果他和全国公认的美男子——徐公相比，到底谁比较帅？他的妻、妾都说，徐公哪里比得上你呢！后来邹忌又问来访的友人，也是说他比徐公还要俊俏。直到有天徐公亲自来访，邹忌仔细端详并揽镜自照，发觉自己确实差得远呢，从而悟出：我的妻子是因为偏私我，妾是因为怕我，朋友是因为有求于我，所以才都说我的好话，但其实并非真话啊！后来邹忌以此事为喻向齐威王谏言时说：现在全国的官员百姓、后妃内侍等，没有一个不对大王有所需求的，所以大王可能受到的蒙蔽是多么大啊！齐威王听了以后，便采纳邹忌建议，广开言路、虚心纳谏。后来邻国的燕、赵、韩、魏等国王，在听到这件事后，都到齐国来了解学习，以至于后世人都称赞曰：此所谓战胜于朝廷。

【第五种：以官职、职业或技艺为姓氏】

【以官职为姓氏】

水、凤、和、卜、门、司空、司寇、厨、巫、米、宗、乌、弓、山、全、符、司、劳、宰、充、宦、庾、寇、师、库、勾、宗政、巫马、乐正、宰父、南门、岳、帅等姓，均是以官职为姓氏。

在百家姓中，源于此种得姓方式的姓氏还有：钱、龚、李、褚、张、司徒、司马、籍、仓、田。

【以职业、技艺为姓氏】

屠、钮、甄姓，是以职业、技艺为姓氏。

在百家姓中，源于此种得姓方式的姓氏还有：陶。

cāng
仓

得姓　源于姬姓，出自周王朝仓库官之后裔；源于官位，出自汉朝时期官库管理官，隋、唐时期官库管理官仓督，金国时期官库管理官仓使。属于以官职名为氏。

郡望　武陵郡。

堂号　武陵堂、咸阳堂、创文堂。

相传黄帝的孙子颛顼有八个儿子，都是治世能臣，世称“八恺”，其中长子名仓舒。传说仓舒的寿命很长，一直到禹舜君临天下时，还曾被举之使主后土，以揆百事。仓舒的后代也以祖字为姓，称为仓氏，形成仓姓一支。

仓姓族人起源于湖南，历经沧桑，更朝换代，后散居于全国各地。仓姓名人中最为人熟知的，当属造字的仓颉。

仓颉造了字，黄帝十分器重他，人人都称赞他，名声越来越大。仓颉头脑就有点发热了，造的字也马虎起来。这话传到黄帝耳朵里，黄帝很恼火，召来了身边最年长的老人商量。老人沉吟了一会，独自去找仓颉了。仓颉正在教各个部落的人识字，老人默默地坐在最后，和别人一样认真地听着。仓颉讲完，别人都散去了，唯独这老人不走，还坐在老地方。仓颉有点好奇，上前问他为什么不走。老人说：“仓颉啊，你造的字已经家喻户晓，可我人老眼花，有几个字至今还糊涂着呢，你肯不肯再教教我？”仓颉看这么大年纪的老人都这样尊重他，很高兴，催他快说。老人说：“你造的‘马’字，‘驴’字，‘骡’字，都有四条腿吧？而牛也有四条腿，你造出来的‘牛’字怎么没有四条腿，只剩下一条尾巴呢？”仓颉一听，心里有点慌了：自己原先造“鱼”字时，是写成“牛”样的，造“牛”字时，是写成“鱼”样的。都怪自己粗心大意，竟然教颠倒了。老人接着又说：“你造的‘重’字，是说有千里之远，应该念出远门的‘出’字，而你却教人念成重量的‘重’字。反过来，两座山合在一起的‘出’字，本该为重量的‘重’字，你倒教成了出远门的‘出’

字。这几个字真叫我难以琢磨，只好来请教你了。”仓颉羞得无地自容，深知自己因为骄傲铸成了大错。这些字已经教给各个部落，传遍了天下，改都改不了。他连忙跪下，痛哭流涕地表示忏悔。老人拉着仓颉的手，诚挚地说：“仓颉啊，你创造了字，使我们老一代的经验能记录下来，传下去，你做了件大好事，世世代代的人都会记住你的。你可不能骄傲自大啊！”从此以后，仓颉每造一个字，总要将字义反复推敲，还拿去征求人们的意见，一点也不敢粗心。大家都说好，才把字定下来，然后逐渐传到每个部落去。

chǔ
褚

得姓　源于官位，出自春秋时期各诸侯国官吏褚师，属于以官职称谓为氏。褚师，亦称市令，是春秋时期周王室设置的一种官位，专职负责掌管集市和贸易，兼有今商务部长和工商管理局局长的职能。

郡望　河南郡。

堂号　河南堂。

褚姓的姓源可以追溯到春秋时代的河南，褚姓的中国人，最值得自夸的就是血缘上的单纯。别的大姓，也许由于树高影长的缘故，发展到后来都无可避免地混入了他族的血统，或被赐姓、被冒姓，以致增加了子孙的混淆不清，甚至无法确实追溯到自己的真正来处。而褚姓的后代就不会有这种困扰，因为到现在为止，还没有发现过褚姓被冒用的记录。褚姓虽然人不多族不繁，但姓褚的人，都是纯粹的汉族。

《左传·昭公二年》中记载：“郑公孙黑请以印为褚师。”这里说的“印”，就是指郑国大夫印段。公元前 540 年秋，郑穆公姬子兰之孙公孙黑（字子皙）曾试图作乱，想要除掉游氏而取代游氏的卿位，后来由于他的旧伤发作，而没有实现。驷氏和大夫们想要杀死子皙。子产正在郑国边境，听说了这件事，急忙赶了回来，让官吏历数子皙的罪状，说：“伯有那次动乱，由于当时正致力于事奉大国，因而没有讨伐你。你有祸乱之心不能满足，国家已经对你不能容忍了。专权而攻打伯有，这是你罪状的第一条。兄弟之间争夺妻子，这是你罪状的第二条。熏隧的盟会，你假托君位，这是你罪状的第三条。有了死罪三条，怎么能够容忍？”公孙黑自知不免一死，遂请求让自己的儿子印段出任褚师之职。由于印段确实十分有才华，子产最终批准了公孙黑的请求，然后令公孙黑自缢而死，免得由司徒来论罪，那样会株连许多别的人。在褚师的后裔子孙中，多有以先祖官职称谓为姓氏者，称褚师氏，后简化为单姓褚氏，世代相传至今。子瑕的后代子孙以“褚师”称号为荣，于是，有的就以“褚”为姓，称为褚氏。

除了血缘单纯外，还值得褚姓人自傲的，就是他们的族人虽然不多，历史上有名气的却不少，如鼎鼎大名的唐朝有镇四长史褚秀之，“十八学士”之一褚亮等，唐朝名臣褚遂良，更是中国民间家喻户晓的人物。

褚遂良是唐太宗的谏议大夫，博学多才，直言敢谏，很受朝廷的器重。这位一代忠良名臣，同时也是在中国书法史上具有崇高地位的大书法家，他的隶书和楷书，1300多年来享誉不衰。

当年李世民即位后，曾经广泛收集王羲之的作品。有一次，他又征得一卷古人墨宝，便请褚遂良看看是否是出自王羲之的手笔。褚遂良看了一会儿，便说：“这是王羲之的赝品。”唐太宗听了颇为惊奇，忙问褚遂良是怎么看出来的。褚遂良便要唐太宗把这卷书法拿起来，透过阳光看。褚遂良则用手指着“小”字和“波”字，对着唐太宗说：“这个小字的点和波字的捺中，有一层比外层更黑的墨痕。王羲之的书法笔走龙蛇，超妙入神，不应该有这样的败笔。”唐太宗听了，打从心眼里佩服褚遂良的眼力。

此后，唐太宗征集到王羲之的墨迹，每逢真假难辨之时，总要请褚遂良帮他鉴定。后来，因为褚遂良可以毫不费力地鉴别出王羲之书法的真伪，再没有人敢将赝品送来邀功。褚遂良这一举动得到了李世民的极大欢心与信任，每有大事，几乎都向其咨询。

gōng 龚

得姓　出自黄帝之臣共工氏的后裔。

郡望　武陵郡、六桂。

堂号　中隐堂、楚仙堂、六桂堂、中隐堂、耕读堂、渤海堂等。

相传上古时期，黄帝大臣共工是当时的水官，专门管理水土，因为治水有功，被封为“水神”。后来他与兜、三苗、鲧（gǔn）结为“四凶”，被流放到幽州。他的儿子句龙继承父职，家族中的一支就开始以单字“共”作为整个家族的姓氏。若干年后，共姓为了避仇，就在“共”字上加一个“龙”字，成了龚姓，也就是说，龚姓是以祖先的官职和名字中的一字改造而来的。龚姓以共工治水有功而引以为荣，尊其为得姓始祖。

龚氏是血统单纯的大家族，历代都不乏以好学明经与崇高名节而见称的名人贤士，如汉代的“二龚”即龚舍和龚胜，他们视富贵如浮云，高洁志行，垂诵千古，为后世读书人树立了不朽典范。

龚自珍，清末的文学家、思想家。因出身于官宦学者家庭，他一直渴望能有报效国家的机会。他参加科举，就是为了实现自己的政治理想。乙丑年龚自珍参加廷试，第一个交卷出场，有人恭维他“君定大魁”，他却说：“看伊家国运何如。”意思是自己能否夺魁，却是关乎清王朝国运的事。可见龚自珍抱负之大，自视之高。人们熟知的龚自珍的名句“我劝天公重抖擞，不拘一格降人才”，更是表达了他希望变革现状的拳拳爱国心。

jí 籍

得姓　籍姓出自姬姓，属于以官职为氏。
郡望　广平郡。
堂号　广平堂。

籍氏是一个典型的古老汉族姓氏，在现代是极罕见的姓氏。“籍”的本义是典籍、文献，春秋时，晋国有籍氏之官，掌管保存国家的典籍，晋大夫伯黡（yǎn）即任此官。伯黡的学问很好，他的后代中有的用籍作为姓氏，称为籍氏，是今天籍姓的起源。籍氏家族，当时世代都是晋国的大夫，地位崇高。

公元前 531 年，晋昭公姬夷以大夫荀跞和籍谈为使节出使周王室。周景王设宴款待这二人。在宴席中，大家所用的酒壶是鲁国进贡的，周景王于是顺便向晋国使臣问起：“各诸侯国都会进贡一些物品给王室，为什么独独晋国没有呢？”

籍谈当即回答：“每个诸侯国都曾领受王室的赠予，所以应当进献宝贵的器物回馈王室的恩典。但由于我们晋国地处深山边塞，与王室距离遥远，王恩根本就无从顾及。而我们又穷于应付戎狄，哪里有什么东西可用来贡献呢？”

周景王听了很不高兴，于是便逐一细数了从晋国先祖开始，周王室历来赠予晋国的种种赏赐：“叔父唐叔，是周成王的同胞兄弟，难道反而没有分得赏赐吗？密须之鼓和它的大路战车，是周文王用来大搜礼检阅军队的。阙巩之甲，是周武王攻克商朝时穿着的铠甲。唐叔接受了这些明德之器，用来居住在境内有着戎人和狄人的晋国地域上。这以后晋文公接受了周襄王所赐的大路、戎路的战车，还有斧钺（yuè）、黑黍酿造的香酒，红色的弓和勇士，保有南阳的土田，安抚和征伐东边各国，这不是分得的赏赐是什么？有了功勋而不废弃，有了功劳而记载在策书上，用土田来奉养它，用彝器来安抚它，用车马衣服来表彰它，用旌旗来显耀它，子子孙孙不要忘记，这就是所谓福。这种福佑没有被记载，叔父的心哪里去了呢？”然后责问籍谈：“你的先人就是专门负责掌管国家典籍的，为什么你会忘了这些史事呢？”籍谈听了以后，满脸通红，无话可说。

待荀跞与籍谈离开后，周景王说：“籍谈的后代恐怕不能享有禄位了吧！举出了典故却忘记了祖宗。”这就是成语“数典忘祖”的来源，专门用来比喻一个人忘本。

lǐ 李

得姓　因祖辈为理官，遂以官名命族为理氏，以理（或李）为氏（“理”“李”古字相通）。

郡望　陇西郡、赵郡、顿丘郡、中山郡、广汉郡、渤海郡、襄城郡、江夏郡、梓潼郡、范阳郡等。

堂号　陇西堂、赵郡堂、中山堂、龙门堂等。

据记载，李氏的老祖宗本姓嬴，在尧舜时期，有一官职称“理官”（相当于现在的法官），有一个叫伯益的人任此官职，并且子孙三代世袭。按照当时的习惯，以官为姓，便取姓为“理氏”。那一年，他的后裔理征得罪了暴君商纣王，理氏将面临灭族之灾。理征有一个儿子叫利贞，便逃至伊侯之墟。那是一片荒野之地，没有人烟，找不到吃的，饿得够呛。忽然他看到树上结满红澄澄的果子，他不知此果子叫什么名字，就叫“木子”吧（树木结的果子）。摘下几个一尝，他发现这种“木子”又香又甜又可口，便以此种“木子”来充饥。“木子”救了他一命，为了谢恩，他就把自己的理姓改为李姓（李由木子两字构成），也可隐瞒身份，从此诞生了李氏。理和李是不同的字，确是同姓。

全国姓氏中以李姓最多，同时也是世界人口最多的姓氏。而李姓最为显贵的时候，则是在中国封建社会鼎盛时期的唐朝作为“国姓”。在中国历史上，李姓称王称帝者多达60余人，先后建立多个政权。在世界历史上，李姓也是称帝人数最多和建立政权最多的姓氏，称帝人数多达159人。

李姓源远流长，在历史的长河中表现不凡。从道家学派创始人李耳为开始，李冰、李斯、李广、李密、李渊、李世民、李白、李煜、李清照、李时珍等，李姓英才辈出。

李煜是南唐皇帝，又称李后主，被誉为“千古词帝”。

继位后，由于李璟时期多次战争连绵，南唐国削势弱，国库空虚，李煜下令减免税收、免除徭役，与民生息，使百姓安心耕作，免受官吏的克扣。李煜为政重仁慈、宽刑罚，每有死刑论决，莫不垂泪。因为他的敦厚善良，南唐也得以偏安十五年。被俘入宋后，李煜始终时时不忘故国，心系故土，从未心归宋朝，终至客死他乡。噩耗传出后，江南父老有许多人都聚巷痛哭。

qián 钱

得姓 源于姬姓，出自周朝颛帝裔孙彭孚的官名，属于以官职为氏。

郡望 下邳郡、彭城郡、吴兴郡等。

堂号 彭城堂、下邳堂、吴兴堂、吴越堂。

钱姓源出彭姓。“颛帝曾孙陆终生彭祖，裔孙孚，周钱府上士，因官命氏焉。”

相传颛顼的曾孙陆终有六个儿子，其中三儿子彭祖的后代中有个叫彭孚的人，在西周任钱府上士，掌握钱财。后来彭孚以官职作为姓，就是钱姓。

因西周建都在镐京（现在的陕西西安），故钱姓形成于现在的陕西。

钱姓在得姓之初默默无闻，整个先秦时期见诸史籍记载的只有隐士钱丹一人。钱姓族人的活动范围在今江苏徐州一带及周围地区。直到唐宋之际，临安人钱镠（liú）创建吴越国，钱氏才开始名扬天下。到了明代，更是涌现出一大批学富五车、满腹经纶的栋梁之材，知名者便已百数，且遍及全国各地。他们或官或宦，或文或武，对社会进步起了极大的促进作用，并用实际行动壮大、印证了钱姓“自古多才俊”。被誉为“中国航天之父”、“中国导弹之父”的科学家钱学森即是钱姓名人之翘楚。

钱学森 3 岁即有非凡的记忆力，能背诵上百首唐诗、宋词，还能用心算加减乘除。邻居相传钱家生了个“神童”。

5 岁时，钱学森已能读懂《水浒传》，一百单八将是他心目中的英雄。有一天他对父亲说：“英雄如果不是天上的星星变的，那我也可以做英雄了。”父亲高兴地说：“你也可以做英雄。但是，必须好好读书，努力学习知识，贡献社会。”父亲经常给儿子讲“学习知识，贡献社会”的道理。这八个字成了钱家家训，深深地印在了钱学森幼小的心灵里。

在小学低年级时期，男孩子最喜欢玩用废纸折的飞镖。每次比试，总是钱学森扔得最远，投得最准。同学们不服气，捡起他折的飞镖仔细研究，原来他折叠的飞镖有棱有角，特别规正，所以投起来空气阻力很小；投扔时又会利用风向风力，难怪每回都数他投得最远最准呢！小小年纪的钱学森居然颖悟了某些空气动力学的常识，这不仅使同学们，而且使老师也惊叹不已。20多年后，钱学森果然成了国际知名的力学和空气动力学家，这是不是可以从他童年时代玩飞镖的悟性上看出点端倪呢？

突厥
唐
唐太宗李世民

sī tú

司徒

得姓　源于官位，出自春秋时期各诸侯国官吏司徒。

郡望　赵郡。

堂号　赵郡堂和藏名堂。

墨狄，即历史上十分著名的申徒狄，因为他的官职为殷商末期的司徒（古代的官职名，负责管理民众、土地教育等事情），故而又称司徒翟。相传，申徒狄不忍见纣王淫乱暴虐，便自己抱石投渊而死。人们便以“负石赴渊”来表示嫉浊避世，遂成千古成语。在司徒翟的后裔子孙中，多以先祖官职称谓为姓氏，称司徒氏，世代相传至今。

司徒一族虽然人数不是很多，但在千百年的历史发展中也涌现出了一些名人，如春秋时期陈国大夫司徒卯、著名汉朝安平侯相司徒肃、唐朝司徒映、五代司徒诩和司徒煦等。

司徒煦是清代道光年间的才子，自小就聪明好学，读私塾时，常常受到老师的称赞，尤其擅长对对联。一次，东溪村干鱼塘，不少人下塘捉鱼。老师便向学生宣布：今天不上学，可以回家帮家人下塘捉鱼。第二天一上课，老师就出了一句上联：“鱼塘是塘，课堂也是堂，是日干塘不上堂。”大家都在苦思冥想之际，司徒煦交卷了。老师打开一看，拍案叫绝，同时也觉得有些尴尬。司徒煦的下联是：“老师系师，胡须亦系须，今天老师无剃须。”在当地方言里，师、须同音。

道光十四年，他与同乡赴京赶考，不出数日，榜文公布，司徒煦高中进士，钦点传胪（lú）。消息传开，京城好友纷纷上门道贺，一时轰动了所住的广东会馆。

sī	mǎ
司	马

得姓　源于官职，出自西周掌管军事大权的大臣程伯休父；源于芈姓，出自春秋时期楚国大司马子反；源于姬姓，出自春秋时期晋国大司马韩厥；源于子姓，出自春秋时期宋国大司马孔父嘉，属于以官职称谓为氏。

郡望　河内郡。

堂号　河内堂、偃师堂、温县堂、太史堂。

“司马”是古代官名，指调遣武装部队的武官，掌管天下军事，相传古帝少昊时期就设置有司马一职。司马氏就是担任过司马一职的人的后代。程伯休父是殷、周朝时期一个诸侯，是上古颛顼帝之后祝融氏重黎的子孙所传。因他掌国家军队，佐政辅国，权势重大，屡次征战有功，官至司马，周王室允许他以官职为姓，其后遂成司马氏。其后世子孙即“以官为氏”而姓了司马。

司马氏人数不多，但也涌现了一些重量级的历史人物，如战国中后期秦国名将司马错、西汉著名史学家兼文学家司马迁、西汉辞赋家司马相如、东汉末年著名隐士司马徽、三国时期曹魏权臣司马师、晋朝开国皇帝司马炎、西晋王朝的奠基人司马懿、西晋太祖文皇帝司马昭以及北宋著名政治家司马光。

司马光小时候聪明好学，他觉得自己的记忆力和学问不如别人，所以在学习时，总比别人花的功夫多。当他的伙伴们读一会儿书就跑出去玩时，司马光总要把自己关在书房里，直到把文章背熟了才放下书本。长大以后，司马光仍然坚持着这种勤恳用功的做法。他曾经用圆木做了一个枕头，并把这个枕头取名为“警枕”。因为枕头是圆的，所以一翻身枕头就会滚落到地下，“砰”的一声，自然会使人醒来。因此，每次司马光在半夜里睡觉时，枕头一滚下来，便立刻起床，点燃蜡烛读书。由于司马光勤奋好学，他终于成了一位著名的学者，历时 19 年编成史书巨著《资治通鉴》。

tián

田

得姓 源于官位，出自西周时期官吏，属于以官职称谓为氏。该支田氏古音读作 chén，今读作 tián 亦可，是古老的姓氏之一。

郡望 北平郡、雁门郡、京兆郡、河南郡、平凉郡、太原郡、天水郡等。

堂号 紫荆堂、贫骄堂。

周武王建立周朝后，便追封前代圣王的后人，武王封妫满为陈侯。陈侯的十世孙陈完，因朝廷内乱逃到了齐国。其为人谦逊有礼，素有贤名，齐桓公很赏识他，就任命其为公正（管理工匠的官），并封他于田地。陈完不愿用原来的国名为氏，遂以田地为氏，改称田氏。其后世子孙就以采地为氏，称为田姓，并尊田完为田姓的得姓始祖。

田氏是一个非常古老、多民族、多源流的姓氏群体，在历史繁衍过程中，涌现了大量的名人，如战国名将田单、“战国四君子”之一的孟尝君田文、战国时思想家田骈、以“下对上、上对中、中对下”的完美战术赛过齐王名留青史的田忌、秦末义士田横、西汉著名学者田何、明代文学家田汝成、明代“廉吏第一”的田应扬等。

田赞，战国时期齐国大夫，他因穿着很破旧的衣服去拜见楚王，而被记载于《吕氏春秋》。

田赞穿着很破旧的衣服去拜见楚王。楚王说：“先生的衣服，为什么这样破旧呢？”田赞回答道：“衣服还有比这个更破旧的。”楚王说：“你能说给我听听吗？”田赞说：“铠甲比这个更破旧。”楚王说：“这怎么说呢？”田赞回答说：“冬天穿着它很冷，夏天穿着它很热，没有比铠甲更坏的衣服了。我田赞很贫穷，所以衣服很破旧。现在大王您是一国之主，没有人能跟您的富贵相当，然而您喜欢让百姓穿铠甲（指好战），我不赞成这样做。难道这是为了行仁义吗？穿铠甲的事情实际上就是打仗的事情。毁坏别人的城池，杀死人家父子，那些名声又很不光彩，难道这是为了得富贵吗？如果您考虑加害别人的话，别人也会考虑加害于您；如果您考虑危害别人，别人也考虑危害于您。实际上这很不安宁，这两种情况我认为大王都是不应该采取的。”楚王无言以对。

zhāng 张

得姓　源于姬姓，出自上古黄帝之孙挥，属于以职官称谓为氏。

郡望　安定郡、敦煌郡、武威郡、清河郡、范阳郡、南阳郡、吴郡等。

堂号　百忍、清河、金鉴、孝友、同盛、燕贻、敦睦、宗岳、敬谊、源流、敦伦、儒林等。

张姓的起源，可以追溯到远古传说。在颛顼时期，挥为一方部族领袖，也是颛顼帝的一位重臣，主要负责管理器械，保卫部族。那时流行天人合一政治，凡部族领袖都要用天象变化指导部族行为。在挥观测天象时，挥公从弧星的形状及其对天狼星的制约现象中受到启发，便剡（yǎn）木削竹，始制弓矢。弓箭首先用于生活中射猎鸟兽，比用棒和石头与野兽搏斗强得多，猎获的鸟兽空前增多，大大提高了颛顼部族的生活水平，促进了社会生产力的发展。后来用于战争，协助颛顼帝平息了共工叛乱，将共工部赶到西北部今宁夏境内歼灭，共工走投无路撞不周山自杀。因此，颛顼帝非常高兴，将挥公封于清河，官为弓长，主祀弧星，赐姓为张，从此中华民族便有了浩浩张姓，濮阳便成了张姓祖根地。

张姓历史久远，为中国最早产生的姓氏之一，而且相当受重视；张姓人丁兴旺，支脉众多，在全国许多地方发展成为名门望族。而且自古为英才辈出的姓氏，如张仪、张良、张骞、张仲景、张飞、张九龄、张旭、张居正、张之洞等。

张衡是东汉时候杰出的科学家。他从小就爱想问题，对周围的事物总要寻根究底，弄个水落石出。

成年后的张衡到京城洛阳担任太史令，主要是掌管天文历法的事情。为了探明自然界的奥秘，年轻的张衡常常一个人关在书房里读书、研究，还常常站在天文台上观察日月星辰。他想，如果能制造出一种仪器，能够上观天，下察地，预报自然界将要发生的情况，这对人们预防灾害，揭穿那些荒诞的迷信鬼话，该是多么好啊！

于是，张衡把从书本中和观察到的材料，进行分析研究，开始了试制“观天察地”仪器的工作。他把研究的心得先写成一本书，叫《灵宪》。在这本书里，他告诉人们：天是球型的，像个鸡蛋，天就像鸡蛋壳，包在地的外面，地就像蛋黄，就叫作“浑天说”。

东汉科学家张衡
丙申年秋三静书屋姚如刚作

táo

陶

得姓 源于子姓：出自商王朝著名七族中的陶氏，属于以职业技艺为氏。

郡望 济阳郡、丹阳郡、浔阳郡。

堂号 以望立堂的济阳堂、浔阳堂、丹阳堂。

唐尧，是上古圣帝。在其担任部落首领之前，曾在今山东定陶西北居住，以制作陶器为职业，其地世称为陶丘。传说尧帝少年智慧，十三岁时就助其兄挚帝治理天下，因功封在陶丘，十五岁时又改封在唐，所以史称陶唐氏。尧开创了禅让制，死后把帝位禅让给了没有一点血缘关系的舜。尧贤明民主，为世所敬重。后世子孙或以技艺为氏，或以封地为氏，称陶姓。

陶姓直到春秋时才出现了第一位名载史册的人物，陶婴。西汉以后，经过不断繁衍，陶姓逐渐形成了族大人众、子孙昌盛的局面，也随之涌现出了不少陶姓名人，如东晋大司马陶侃、陶渊明，汉末陶谦，南朝“山中宰相”陶弘景，明代陶安、陶凯、陶宗仪等。

陶渊明，东晋大司马陶侃的重孙，号“五柳先生”，东晋末期南朝宋初期诗人、文学家、辞赋家、散文家。陶渊明曾做过几年小官，后因不愿“为五斗米折腰”而毅然辞官回家，从此隐居田园。

有一天，有个少年前来向陶渊明求教，说：“陶先生，我十分敬佩你渊博的学识，很想知道你少年时读书的妙法，敬请传授，晚辈不胜感激。”

陶渊明听后，大笑道：“天下哪有学习妙法？只有笨法，全靠下苦功夫，勤学则进，辍学则退！”

陶渊明指着溪边的一块磨刀石问少年：“那块磨刀石为何像马鞍一样的凹面呢？”“那是磨成这样的。”少年随口答道。

“那它究竟是哪一天磨成这样的呢？”少年摇摇头。

陶渊明说："这是我们大家天天在上面磨刀，磨镰，日积月累，年复一年，才成为这样的，学习也是如此。如果不坚持读书，每天都会有所亏欠啊！"

少年恍然大悟，连忙再向陶渊明行了个大礼说："多谢先生指教，学生再也不去求什么妙法了。请先生为我留几句话，我当时时刻刻记在心上。"

陶渊明欣然命笔，写道："勤学如春起之苗，不见其增，日有所长；辍学如磨刀之石，不见其损，日有所亏。"

勤学如春起之苗
辍学如磨刀之石
东晋陶渊明句

【第六种：以居邑地或地名为姓氏】

危、凌、霍、荣、翁、汲、巴、郗、伊、韶、怀、鄂、双（在中国并不多见，人数较少）、闻、濮、郏、耿、阙、东、隆、巩、訾、辛、那、查、逯、闻人、澹台、濮阳、闾丘、谷梁、汝、钦、亢、有、左丘、南宫、笪、佟、闽（中国罕见姓氏）、姚、西门等姓，是以居邑地或地名为姓氏。

在百家姓中，源于此种得姓方式的姓氏还有：乔、傅、侯、郭、郝、莫、窦、姜、奚、薛、柳、萧、卢、邱。

dòu

窦

得姓　源于姒姓，窦出自夏王朝帝君太康之妃子后缗（mín）的避难之地，属于以居邑名为氏。

郡望　扶风郡、河南郡、清河郡。

堂号　扶风堂、河南堂、观州堂、清河堂、五桂堂等。

夏朝帝太康在位时，荒废政事，不理民情，有穷氏部落首领羿由于不能忍受太康的这种所作所为，就在黄河北岸拦阻和抵御太康回国。太康的五个弟弟和他们的母亲（后缗），就到洛水转弯流汇黄河的地方一个地洞里去躲避和等候太康，等了一百多天也不见太康回来，结果也被有穷氏部落人发现并关入窦（地穴、地洞）中管制起来。后来怀孕的后缗临近产期，就携带着儿子们想办法逃出了避难的窦（dòu），奔归有仍（今山东济宁），在那里生下了少康。少康是禹的五世孙。

后来少康继位。为了纪念祖上这个历史事件，少康就让他留在有仍的抒、宠两个儿子姓窦，世代相传。

窦姓的始祖少康得姓至今已有4000多年的历史，是中国古老的姓氏之一。有仍是窦氏的最早发源地，也是古时的国名，这个地方在今山东省济宁市一带。

《三字经》中有“窦燕山，有义方，教五子，名俱扬”，其实，窦姓名人中不只有窦燕山，还有西汉大臣窦婴，东汉时期名将窦融、窦固、窦宪，隋朝窦建德，唐代窦巩，《酒谱》的作者北宋的窦苹，元代杰出的政治家窦默、金代医学家窦汉卿，清代学者窦光鼐（nài）等。

窦仪是后周世宗时礼部侍郎。当赵匡胤攻克滁州时，世宗命其将滁州官府内之财物抄录登记，并入国库。不久，赵匡胤亲信奉命向窦仪拿取部分抄没的绢帛，窦仪则说：赵将军当初攻克滁州时，即将所有财物取走，谁敢说什么，如今这些财物已全部籍录为国家所有，就是公家的东西，没有皇帝的命令，就不能给你。

后来赵匡胤当了皇帝，曾说：窦仪操守很严，不畏权势，是所有官吏中不会欺骗主子的人，不久即委之以高官重任。

fù

傅

得姓 出于殷商名相傅说（yuè）的后裔，属于以地名为氏。据《史记·殷本纪》和《通志·氏族略》所载，商高宗武丁在位时，于傅岩（今山西省平陆东南）找到说，帮助武丁兴国，修政行德，使天下大治。在傅说的后裔子孙中，有以先祖名号为姓氏者，称傅氏，世代相传至今，史称傅氏正宗。

郡望 北地郡、清河郡。

堂号 北地堂、清河堂、兴商堂等。

根据《通志·氏族略》记载，自从商朝君王盘庚把首都迁到“殷”后，只兴旺了很短的一段时间。商高宗武丁即位后，决心重振商朝雄风，但总是找不到一位能够帮助他的贤明大臣，武丁为此茶饭不思。有天晚上，武丁做了一个梦，梦见了一位叫“说”的人，那人的背有点驼，身上穿着粗麻布衣，胳膊上还拴着绳索，样子像个囚徒。第二天醒来，武丁就根据梦中所见的人物形象让大臣画成画像，在全国各地四处寻访，最后终于在傅岩这个地方找到了一个叫“说”的奴隶，并将说带到了朝中。武丁任用说为相。说果然帮助武丁在其在位时期成为商朝后期的极盛时期。说因为是从傅岩这个地方找到的，所以就把傅赐予他做姓。他的后代也就以地名为姓氏流传至今。

傅姓是一个古老姓氏，在漫长的发展过程里，孕育了众多的名人贤士，如殷商时期贤臣傅说，汉高祖时开国功臣傅宽，东汉文学家傅毅，西晋哲学家、文学家傅玄，蜀汉将军傅肜、傅佥（qiān），汉朝政治家傅亮，唐朝学者科学家傅奕，宋代律学博士傅霖，明朝开国名将傅友德，明末清初反清义士、学者傅山等。

傅以渐是清朝开国状元，一代名相。康熙年间，傅以渐家人在家庙修缮建设时，邻居认为傅家新建的院墙盖住了自己家的地基，有碍自家的风水，于是找上门来。傅家不愿再额外增加开支，与邻居发生了纠纷，双方一时相持不下，于是傅以渐的父亲就写信给傅以渐，让他找地方官员通融照顾一下。

傅以渐很快回信说："千里捎书只为墙，让他三尺又何妨？万里长城今犹在，不见当年秦始皇。"家人看后，十分羞愧，主动将墙基退让三尺，并主动找邻居道歉，邻居十分感动，便也退让三尺，就成了傅氏祠堂东邻的这条六尺胡同。后来，康熙皇帝南巡，路过此地，知道此事，顿生褒奖之心，挥笔题写了"仁义胡同"四个字，在历史上传为佳话。

guō 郭

得姓 属于以居处为氏。据《风俗通》上记载："氏于居者，城、郭、园、池是也。"郭，就是在城的外围加筑的一道城墙，是代表外城或四周及外部的意思，因此郭姓的始祖是由于居住于外城才会以郭为姓的。住在这里的人以此为姓，这就是中国最早的郭姓，在夏禹时期就已经出现了，故而中国最早的郭姓出自今天的河南。在我国大多数的姓氏起源中，这种现象是比较少的。

郡望 太原郡、华阴县、冯翊郡、昌乐郡等。

堂号 太原堂、华阴堂、冯翊堂、尊贤堂等。

西周初年，周武王灭商后，周文王的两个弟弟，虢仲和虢叔分别被封为虢国国君，两虢起着周王室东西两面屏障的作用。西周末年，郑武公护送周平王东迁，取得了周平王的信任，随后郑武公趁机灭掉了郐国和东虢，楚庄王因此出兵讨伐周朝。周平王找到虢叔的后裔虢序，并封他为虢国国君。后来虢国被晋国灭掉，他的国人就以国名为姓，从此姓郭。

郭姓人口众多，名人贤士层出不穷，逐渐成为社会中举足轻重的一支力量。如东汉教育家郭泰、曹操著名的谋士郭嘉、西晋玄学家郭象、训诂学家郭璞、唐朝军事家郭子仪、北宋画家兼文字学家郭忠恕、元朝天文学家兼数学家郭守敬以及“两弹一星”元勋郭永怀等。

郭隗（wěi），战国时燕国的大臣，也是第一位在历史上大放光芒的郭姓杰出人物。

燕昭王收拾了残破的燕国后登上王位，开始招揽人才，希望能得到贤士一道治理国家，以洗刷先王的耻辱。

郭隗告诉他说：“成就帝业的人与老师相处，成就王业的人与朋友相处，成就霸业的人与臣子相处，亡国之君只能同仆役小人相处。您可以广泛选拔国内的贤者，并且去登门拜见，天下听说大王拜访贤臣，天下的贤者也会很快来到燕国的。”燕昭王说：“我应拜访谁合适呢？”郭隗说：“如果您真想招揽贤士，那就先从我开始吧；您把我当贤人尊重，胜过我的人就更不用说了，他们不会因为路远就不来燕国。”

于是昭王为郭隗专门建造房屋，并起名为金台，还把郭隗当作自己的老师来尊重。这一举动果然使那些有才能的人争相奔向燕国：乐毅（战国名将，率燕军先后攻占齐国七十多城）从魏国赶来，邹衍从齐国赶来，剧辛（赵人，后为燕将）从赵国赶来，燕国在这些贤士的帮助下，逐渐强大起来。唐代李贺曾写了一首《雁门太守行》，其中就有“报君黄金台上意，提携玉龙为君死”的诗句，也是引用了这一典故。

hǎo

郝

得姓　源于子姓，出自殷商第二十七代帝王帝乙之子子期的封地郝乡，属于以居邑名为氏。

郡望　太原郡、京兆郡。

堂号　太原堂、京兆堂、丰文堂、晒书堂等。

相传商朝的始祖契因为帮助大禹治水有功，被赐在商（今河南商丘）地居住，并最终建立了子氏为王的商王朝。商王朝的第二十七代天子将自己的儿子子期封在郝乡（今陕西周至），历史上称子期为郝伯。公元前11世纪，商王朝被周武王所灭。亡国后，郝伯子期的后裔子孙中，有人便以封邑名称为姓氏，称郝姓。

郝姓是我国一个比较典型的北方姓氏，人口较多。历朝历代出现了不少名人：秦有上卿郝晏，西汉有以廉洁闻名的郝子廉，西晋有匈奴人民起义领袖郝散，东晋有名士郝隆，唐代有高宗朝宰相郝处俊，宋代有画家郝澄、郝锐，明末有学者郝锦，清代有著名的经学家、训诂学家郝懿行，集学者、谋士于一身的郝经等。

郝隆是东晋名士，生性诙谐。年轻时他无书不读，有博学之名。每年七月七日，富豪之家会把衣服拿到太阳下晒，以防发霉或虫蛀。有一天郝隆脱了衣服，跑到太阳下摩着肚皮晒太阳。人家问他干什么，他说："晒书啊！"人家奇怪地问："书在哪里？"他拍拍肚子回答："我的书都在肚子里呢。"这就是典故"郝隆坦腹晒书"的由来。

hóu 侯

得姓 出自姒姓。是夏禹的后代，相传夏后氏的后裔有的被封于侯，子孙便以地为氏，称为侯氏。

郡望 上谷郡、丹徒郡、河南郡。

堂号 上谷堂、却币堂、救赵堂、勤慎堂、壮悔堂等。

历史上，侯姓人物在二十四史中单独立传的有57人，此外，名留史册的还有战国信陵君门客侯嬴，东汉官吏侯霸，唐朝名将、凌烟阁二十四功臣之一的侯君集，北宋治理黄河水有功的水监丞侯叔献，明末清初文人侯方域等人。

侯嬴是战国时魏国人。因为家贫，已经七十岁了，他还在大梁夷门当个看守小吏。虽然家里很穷，他却坚决不要信陵君的金币，甘当看门小吏。后来信陵君以自己的诚恳打动了侯嬴，最终侯嬴成了信陵君的上宾。

公元前257年，秦王派大军围攻赵国，赵国危在旦夕，派信使来魏国求援。魏国派兵增援却遭到秦王的威胁，魏王只得按兵不动。信陵君不愿眼看着赵国被秦所灭，就自己筹集了车马，带着门客们去援赵。走夷门见到侯嬴时，侯嬴如此这般地授给信陵君一条妙计。信陵君依计而行，从魏王的宠姬如姬那里要来了虎符，准备到晋鄙（魏国将领）那里夺取兵权，指挥大军前往救赵。侯嬴又说："将在外，有时不听君命。你虽然有了虎符，那晋鄙也不一定把军权交给你。你不妨把朱亥带着一同前往。朱亥是个大力士。如果晋鄙顺利交出军权，还则罢了；如果不交，就可以让朱亥打死他。"一切都安排好了，侯嬴对信陵君说："我年岁已高，不能随你一同去了。当你到达晋鄙的营地时，我将面向北方，用自杀来报答公子的爱重之情！"信陵君指挥大军奔赴赵国，终于击退了秦军，保全了赵国。这便是历史上有名的"信陵君窃符救赵"。就在信陵君到达晋鄙大营的那一天，侯嬴果然实践了诺言，面向北方自杀了。侯姓家族的堂号"却币堂"和"救赵堂"都来自这个典故。

jiāng

姜

得姓 源于烈山氏，出自炎帝神农氏出生地姜水，属于以居邑名为姓。还有以帝王赐姓改姓为氏、汉化改姓为氏等得姓方式。

郡望 天水郡、广汉郡。

堂号 天水堂、广汉堂、稼穑堂、渭水堂、渭滨堂、孝友堂、敬义堂、寅清堂等。

据史书记载，姜姓属于古姓，起源于公元前2000多年前的母系氏族社会，是中国最古老的姓氏之一，是中国四大古姓（姜、姬、姚、任）之一，有近5000年的悠久历史。

今天的陕西省岐山县西边，有一条称作姜水的小河，西出岐山，东过武功，向南流入渭河。据说炎帝神农氏出生于姜水河畔，于是以姜作为自己的姓，因此炎帝是姜姓的始祖。虞、夏之际，炎帝裔孙伯夷，因辅佐大禹治水有功，被封于吕（今河南省南阳市西），建立吕国，再次被赐以祖姓，以续炎帝的香火。春秋时的齐国，其创立者是神农氏的后裔姜太公。由伯夷建立的吕国，在公元前678年被楚国所灭；由姜尚建立的齐国，在公元前221年被秦国所灭。在吕、齐两国被灭亡后，其子孙都有以姜为姓的，他们尊炎帝为姜姓的得姓始祖。

姜姓名人，最早的是西周时的中国历史上最享盛名的政治家、军事家和谋略家姜子牙、春秋五霸之首齐桓公姜小白。此后，历代不乏杰出人物。东汉隐士姜肱，三国时蜀汉著名军事家、军事统帅姜维，唐代有两位姜姓宰相姜公辅、姜恪，南宋著名词人姜夔(kuí)，抗元名将姜才，明代书画家姜立纲，清代书画家姜彭等，可谓名人辈出。

姜维文武双全、智勇有谋，诸葛亮十分欣赏他，想收他做自己的助手。当时还是魏国大将的姜维，正奉命守卫天水郡。诸葛亮得知姜维是个孝子，他的母亲就住在冀城，便想出一条计策：命令魏延虚张声势打冀城。姜维得知消息，便请求带兵杀回冀城去救母亲。这时诸葛亮又派降将夏侯楙（mào）带兵前往冀城劝姜维投降。夏侯楙走到半路，听到老百姓都在说姜维已经将冀城献给诸葛亮投降蜀国了，就来到天水郡。进城后夏侯楙就把姜维已投降蜀国的消息告诉了天水郡守城官兵。深夜，诸葛亮让人假扮姜维攻打天水郡。守城官兵更认定姜维降蜀是事实了。

姜维苦守冀城，粮草缺乏，又等不来援兵，只好自己带兵出城劫粮，守候在外的蜀兵乘虚夺取了冀城。姜维丢掉冀城只好向天水郡逃去。守卫天水郡的众将，误认姜维已经投降，不准他进城，加上后有追兵，姜维无奈落荒而去。马没跑出去多远，诸葛亮乘车而出，姜维见自己陷入重重包围之中，便下马投降了诸葛亮。

后来姜维被诸葛亮重用。诸葛亮去世后，姜维在蜀汉开始崭露头角，费祎（yī）死后姜维开始独掌军权，继续率领蜀汉军队北伐曹魏，希望凭自己的力量复兴蜀汉，但最终失败，被魏军所杀。

liǔ 柳

得姓 源于姬姓，出自春秋时鲁国大夫姬展禽之后，属于以居邑名为氏。

郡望 河东郡。

堂号 河南堂（亦称三川堂、河内堂）、鲁郡堂（亦称鲁国堂、东鲁堂、曲阜堂）、河东堂（亦称蒲坂堂、太原堂、并州堂、平阳堂）、愈思堂、三豪堂、和介堂、锡类堂、胜溪堂、余庆堂、敦伦堂、笔谏堂、思成堂、敦本堂、华林堂等。

周公旦的裔孙鲁孝公姬称有个儿子叫姬展，姬展的孙子叫姬无骇，他以父亲的名字为姓氏，称展氏。后传至展禽一代，称公子展，食采于柳下，其后裔子孙就以柳为氏，世称柳氏至今。著名的柳下惠，就是周公姬旦之后鲁孝公姬称的后裔，即展禽，由于食采于柳下，就改以柳为氏。柳下惠是鲁国大夫，曾掌管刑狱。展禽死后，因其有坐怀不乱之美德，故封谥号曰“惠”，史称“柳下惠”。孟子赞之为“圣之和”的圣贤君子，柳下惠的后人以其封邑为氏，称柳氏。

柳姓得姓后，渐渐在河东形成名门望族，柳姓的许多名人也大都出自河东，此支柳姓荣耀显赫。柳姓名人多出南方之地，如南朝宋国大臣柳世隆、南北朝时期宋国名将柳元景、隋朝大臣柳亨、唐宋八大家之一的柳宗元、北宋词人柳永、宋朝散文家柳开、元朝文学家柳贯、明末著名的说书人柳敬亭、明末清初民间评话艺术家柳逢春、清朝画家柳遇和柳土育等。

柳公权，唐朝著名书法家，擅长楷书，与颜真卿并称“颜筋柳骨”。与其兄柳公绰（时任吏部尚书）、其侄柳仲郢并称“一门三杰”。其实，他不仅是一位有名的大书法家，还是一位为人耿直、敢于直言的人。

有一年，皇帝唐穆宗在一座寺院里，看到了柳公权写的字，心里十分喜爱，很想见一见他，在一起谈论谈论书法。正巧，柳公权从自己做官的地方来朝廷办事。唐穆宗就让他来见自己，把他留在朝廷里做了右拾遗（负责给皇上提建议的官）。

一天，唐穆宗和柳公权在一起谈论书法，唐穆宗向柳公权请教说：

“你的字写得笔法端正、刚劲有力，可我却写不了那么好，怎样用笔才能把字写好呢？”

听了唐穆宗的问话，柳公权心想：我早就听说皇上整天吃喝玩乐，不理朝政。我何不借这个机会劝劝他呢？

于是，他对唐穆宗说：

“写字，先要握正笔。用笔的要诀在于心，只有心正了，笔才能正啊！这跟国家大事是一个道理，不用心不行啊！”

听了柳公权的话，唐穆宗知道他是借讲笔法在规劝自己，不由得脸红了起来。

lú
卢

得姓　源于姜姓，属于以邑名为氏。

郡望　范阳郡、河南郡、河间郡、淮阳郡、弋阳郡、三原郡、顿兵郡。

堂号　范阳堂、河南堂、河间堂、淮阳堂、弋阳堂、三原堂、顿兵堂、专经堂等。

齐文公的曾孙高傒（xī）出任齐国正卿，逢齐国内乱，因迎立公子小白有功，为了表彰傒公在内政外交两方面对齐国做出的贡献，齐桓公在登位之初，封食卢邑（今山东长清市西南），其后裔子孙及族人便以邑为姓。

历史上卢氏是我国一个比较典型的北方大姓，人口众多。其中东汉卢芳，是卢氏唯一称帝的人。此外，卢姓名人还有时称“八米卢郎”的隋代卢思道、唐朝诗人“初唐四杰”之一的卢照邻、“大历十才子”之一的卢纶、元代文学家卢挚、明朝抗倭名将卢镗等。

卢植是东汉末年的将领，身长八尺二寸，声如洪钟。他性格刚毅，有高尚品德，素有匡扶社稷，救济世人的志向。公元 184 年二月，爆发黄巾起义，八州响应，朝野震动。汉灵帝刘宏拜卢植为北中郎将，率领北军五校（即屯骑、越骑、步兵、长水、射声五营）的将士，前往冀州平定黄巾军。

卢植连战连胜，张角率军退守广宗县，据城死守。卢植率军包围广宗县城，并挖掘壕沟，制造攻城器械，准备攻城。而这时，刘宏派左丰到卢植军中检查工作，有人劝卢植向左丰行贿，卢植拒绝。左丰没讨到半点好处，于是怀恨在心，六月，左丰返回雒（luò）阳后，向刘宏进谗言说：“臣看广宗县城很容易攻破，卢植却按兵不动，难道他是想等老天来诛杀张角吗？”刘宏大怒，下诏免除卢植的职务，并用囚车押送回雒阳，判处无期徒刑（减死罪一等）。朝廷拜董卓为东中郎将，接替卢植在冀州平定黄巾军，但董卓战败。

八月，由皇甫嵩统率的另一支政府军已平定兖（yǎn）州东郡黄巾军，朝廷则改派皇甫嵩前往冀州平定黄巾军。皇甫嵩不负众望，最终凯旋。皇甫嵩返回雒阳后，上书给刘宏，将平定冀州黄巾军的功劳推给卢植，卢植才得以官复原职。

mò 莫

得姓　中国古老的姓氏之一，源于高阳氏，出自上古颛顼所建的鄚阳城，属于以居邑名称为氏。

郡望　钜鹿郡、江陵郡、河间郡。

堂号　钜鹿堂、敦本堂、德荫堂。

颛顼是黄帝之孙，是炎黄部落联盟的重要首领之一。他重视人事治理，努力发展农业。颛顼曾在河北任丘、平乡一带建造鄚（mào）阳城，他的一支子孙就定居在鄚阳城，后来子孙去“邑”为“莫”，以地名为姓氏，世代称莫氏至今。

莫姓，是一个古老姓氏，历经频繁迁徙，最终成为南方的著名姓族。位于广西东北部的平乐县的郡塘村被认为是全国最大的莫姓村，全村 3000 多人口，无外姓，都是姓莫，堪称莫氏一绝。

莫姓名人贤士层出不穷，出将入相者甚众，影响很大，如东汉左将军莫含，唐朝文人莫修符，宋代官吏、学者莫蒙，明代书画家莫胜、莫藏，明代廉洁官吏莫骏等。

莫邪是春秋时期吴国人，她的丈夫叫干将，是当时有名的铁匠。吴王命令干将为他铸剑，三个月过去了，剑始终没有铸成。因为炉中采自五山六合的金铁之精无法熔化，铁英不化，剑就无法铸成。铸不成剑，干将就要被杀头。妻子莫邪问：“怎么办？”干将说：“古时候的铸剑大师欧冶铸剑，曾遇到这种情况，他让女人担任炉神，很快就成功了。”莫邪听到这，立即跳入炉火中，铁水熔化，顺利铸成两把利剑。雄的叫干将，雌的叫莫邪，所以后人经常用干将、莫邪来比喻锋利精美的剑。

qiáo
乔

得姓　源于姬姓，出自远古时期为黄帝守灵之后裔，属于以地名为氏。

郡望　梁国郡、顿丘郡。

堂号　文惠堂、梁国堂、顿丘堂、纯洁堂、在中堂、三友堂、善益堂、金陵堂、南有堂、枣临堂等。

相传中原各族的共同祖先黄帝死后葬于桥山（在今陕西省黄陵县城北），子孙中有留在桥山守陵看山的，于是这些人就以山为姓，称为桥氏。东汉时太尉桥玄的六世孙桥勤在北魏任平原内史，北魏末年魏孝武帝不堪忍受宰相高欢的专权和压迫逃了出来，桥勤随孝武帝一起投奔到宇文泰建立的西魏。一天，宇文泰心血来潮，叫桥勤去掉桥的木字边，变成乔，取“乔”的高远之意。桥勤不敢不从，从此改桥为乔，世代相传下去，这就是陕西乔姓的由来。

乔姓，是现在常见的姓氏。乔姓名人里有后汉云中太守乔扈、唐代宰相乔林、元代著名曲作家乔吉、清朝廉吏乔光烈等。

乔行简，南宋大臣，做官之前，曾师从吕祖谦。某年，祖谦娶媳妇，行简作《牛羊游春图》往贺。席间，有人指《牛羊游春图》出联：“山羊上山，山碰山羊角，咩——”行简应声而对：“水牛下水，水淹水牛鼻，哺——”大家正高兴，忽然有人报告说村子里正在演戏，请祖谦赐台柱对。祖谦命行简替自己完成。行简没有推辞，趁兴拿起笔写下：“金鼓动动动，实劝你不动不动不动。”祖谦点头称赞，大家也都屏住呼吸，等待看下联。行简稍微整理了一下毛笔，继续写道：“玉箫何何何，且看我如何如何如何。”笔势收处，赞声雷动，四座叹服。

有位书生见行简才学高，就请教对永康方岩五指岩绝联：“五指岩，岩五指，指指立地。”行简思索片刻，对道：“八面山，山八面，面面朝天。”这联对出，连祖谦都为之叫绝。行简连连施礼表示谢意，又说：“东阳有联：玉山、凤山、歌山，三山玉凤歌东阳；乔某思之三年勿能对，谨以请教。”说罢拱手，众生默然，无一能对。据说此联流传至今尚无续联。

qiū 邱

得姓　丘、邱二姓同源，发源于山东，出自姜姓，属于以地名为氏，是姜太公的后裔。

雍正三年，皇帝下诏：天下为避儒家至圣先师孔子的名讳“丘”，丘氏族人的姓氏“丘”字皆加“邑”偏旁改为“邱”，丘氏因此大多改称邱氏。在丘（邱）氏家族，丘为正宗姓氏。

郡望　扶风郡、吴兴郡、河南郡等。

堂号　文庄堂、河南堂、吴兴堂、扶风堂、敦睦堂、砚耕堂等。

西周初年，姜太公辅佐周武王平定商纣，使武王成为天下之王，武王就把齐国营丘封赏给姜太公。姜太公在齐国的时候，修明政事，顺其风俗，齐国呈现出一派祥和富足之景象，太公也受到国人拥戴。齐国很快就成为大国，并定都营丘。后来，营丘因故改称临淄，太公的儿子穆怀念都城故称，于是就以地为姓氏，人们称他为丘穆，丘穆的后人于是沿用丘姓，奉丘穆为得姓始祖。因“邱”姓为“丘”姓避讳加邑旁而来，实属同源，所以丘穆也实为邱姓得姓始祖。

丘（邱）氏是一个多民族、多源流姓氏群体，且因官职、因地名为氏者远多于血缘丘（邱）氏，在当今姓氏上属于大姓系列。

历史上邱姓的重要人物有：汉武帝时期笛子的创制者丘仲、南朝梁文学家丘迟、唐代大将军丘行恭、文武全才的宋朝官吏丘岳、明吴兴诗人领袖丘吉、被现代经济理论界称为“15世纪卓越的经济思想家”的明朝文渊阁大学士丘浚、临川“三大名士”之一的明朝文学家丘兆麟等。

邱处机自号长春子，是道教全真道北七真之一，他潜修于龙门山，形成龙门道派，被成吉思汗召见于雪山，尊为神仙。

有一年天下大旱，黎民百姓饥寒交迫，军旅缺粮，朝廷缺禄。皇帝在宫内设坛祀天也没管用，就想召集天下能人来求雨。于是下旨出皇榜，谁能求下甘露，普救众生，重重有赏。

皇榜贴出了三天也没有人敢揭，直到第四天头上，忽然来了一个老道，童颜鹤发、仙骨神胎，走到皇榜前，伸手就揭了下来。守榜的兵士见有个老道前来揭榜，赶快禀告皇帝。皇帝十分高兴，把老道召进皇宫。这人正是邱处机。皇帝召见后限他三天内求下雨来，邱处机在神武门前的御花园里搭了个法台，这一天他站在法台上，披下银发，手托金瓶，口念真经，挥洒琼浆玉露。不一会儿只见风云变幻，天空顿时阴沉起来，到了午时三刻，一声响雷，之后甘露飞洒大雨淋淋，一直下了三天三夜。皇帝见了喜出望外，急忙把邱处机让到后宫，口称“仙师”拜倒在地，从此以后请他常住在宫里，赏给他很多金银珠宝，并叫他执掌皇宫里的金银玉器厂、营造厂、织造厂等。邱处机也因此成了老北京金玉行的祖师爷。

xī

奚

得姓　源于任姓，出自夏朝管辖的奚地，为黄帝之子禺阳的后裔，属于以居邑名为氏。

郡望　谯郡、北海郡。

堂号　谯国堂、北海堂。

奚姓是中国历史上记载的第一个姓。早在帝、舜、尧时期皇帝还没有姓，大禹治水时，有个叫奚仲的人发明了车子，有力地协助了大禹治理水患，故有“大禹治水，奚仲造车”一说。这是中国历史上最早的姓氏记载，奚仲也成了奚姓的得姓始祖。

传说大禹治水的时候，有个叫奚仲的人发明了车子，帮运土石木料，有力地协助了大禹治理水患，因此被夏王大禹封为车正（车服大夫），负责管理和制作车舆。车正这个官职十分重要，古代只有贵族才能够坐车，因此，这个官职，只有王族可以掌握。奚仲后来居于薛邑、邳（pī）邑、邱等地。奚仲过世后，被世人尊奉为车神。后人在他生活过的各个地方都修建了奚公祠，常年祭拜以求出行平安，一句“祭拜奚仲，平安出行”流传千古至今。在奚仲的后裔子孙中，多以先祖名字为姓氏，称奚氏，世代相传至今，是非常古早的姓氏之一。

奚姓见诸史册的名人有春秋末年孔子的学生之一奚荣蒧（diǎn）、北魏奚箪（dān）、万骑大将军奚斤、唐朝著名制墨专家奚鼐、明代监农御史奚铭、清代诗画家奚涛等等。其中最为世人所了解的应该是奚氏制墨世家，奚超就是其中之一。

奚超，易水人士，奚氏制墨世家之后，徽墨的创始人。唐末，为躲避战乱，奚超携全家南逃至歙州，见这里松林茂密、溪水清澈，便定居下来，重操制墨旧业。他造出的墨“丰肌腻理，光泽如漆”。南唐时后主李煜得奚氏墨，视为珍宝，遂封其子奚廷珪为“墨务官”，所制之墨被大书法家蔡襄称为天下第一品，世称“李庭圭墨”而畅销各地。歙州李墨开始名扬天下，世有“黄金易得，李墨难获”之誉，全国制墨中心也南移到歙州。此后，制墨高手纷纷涌现，如耿氏、张遇、潘谷、吴滋、戴彦衡等，徽州墨业也进入第一个鼎盛期。

xiāo 萧

得姓 源于嬴姓，出自远古部落首领柏翳的后裔在萧邑作大夫；源于子姓，出自春秋时期宋国始祖微子启的后裔封地萧邑，属于以居邑名称为氏。

郡望 兰陵郡、广陵郡、河南郡。

堂号 兰陵堂、河南堂、广陵堂、定汉堂、制律堂。

春秋时期，宋国有一名将名南宫长万，在攻打鲁国时战败被俘，鲁庄公把他囚禁在后宫中，几个月后才把他放回宋国。宋闵公为此多次取笑他，长万因被触痛处而恼羞成怒，一次乘酒兴杀死了闵公，另立公子游为君。宋国群公子纷纷逃往萧邑（今安徽省萧县西北）。萧邑大夫是宋国始祖微子启的后裔，名叫大心，他把这些公族子弟及他们的随从聚合起来组成一支军队，又到曹国请来援军，逐杀了南宫长万及其同党，平息了这次内乱。闵公的弟弟宋桓公即位后，因大心平叛有功，就把大心的萧邑提封为萧国，为宋之附庸，大心为首位国君，人称萧叔大心，其子孙遂以国为氏，称为萧姓。萧国后来被楚国所灭，虽然大心的后裔子孙们有一些复国之举，但终未成功。于是，大心的后世子孙为纪念亡国，遂以封地名称为姓氏，称萧氏。

《中国人名大辞典》收入萧姓名人近五百人，其中著名人物有汉朝萧何、萧望之，南朝梁萧子显，南朝梁武帝萧衍，唐朝宰相萧瑀，宋朝山水画家萧照，清朝山水画家萧云从等。

韩信原是项羽的部下，他有勇有谋，是天下无双的军事家，但在项羽手下却得不到重用，于是就投到刘邦麾（huī）下。起初，刘邦让他当了一个管理粮草的小官，韩信大失所望。一次偶然的机会，萧何结识了韩信。在接触过程中，萧丞相发现韩信是个不可多得的人才，于是多次向刘邦推荐，但并没有引起刘邦的重视。转眼间两个多月过去了。韩信久在汉营仍不受重用，一气之下离开了汉营。萧何得知后，马上放下没处理完的紧急公务，亲自策马追赶韩信。他不辞辛苦，一路问，一路追，直到天黑了，还没追着韩信。正想下马休息一下，忽然远远望见有个人牵着马在河边徘徊。萧何顿时抖擞精神，快马加鞭，大声喊着："韩将军！韩将军！"他策马赶到河边，气喘吁吁地下了马，气呼呼地说："韩将军，咱们总算一见如故，够得上是朋友。你怎么不说一声，就这么走了？"韩信仍不吭声。萧何又说了一大堆劝他回去的话。这时候，滕公夏侯婴也策马赶到。两个人苦苦相求非要韩信回去不可。他们说："要是大王再不听我们的劝告，那我们三个人一起走，好不好？"韩信只好跟着他们回去。这就是著名的"萧何月下追韩信"的故事。

xuē

薛

得姓　源于任姓，出自黄帝之幼子禹阳在颛顼帝时的封地任；源于妫姓，出自虞舜裔孙齐国丞相田婴的封地薛，属于以居邑为氏。

郡望　河东郡、新蔡郡、沛郡、北平郡、高平郡。

堂号　河东堂、新蔡堂、沛国堂、高平、忠谏堂。

相传薛氏先祖最早源自古代任姓部落，是人文始祖黄帝的后裔。据史籍记载，黄帝一生共有二十五子，成年后皆以德行出众，受封为十二个不同的姓族，散居于各地。其中幼子禹阳在颛顼帝时受封于任（今山东济宁任城），而为任侯。禹阳之裔孙以邑为氏，形成任姓，其后任姓几经发展壮大，人才兴旺，支系庞杂。

禹阳的第十二世孙奚仲，是中国历史上鼎鼎有名的人物，因其精工巧思、发明车辆有功，被大禹任命为车正（官名），专门管理天下车辕之事，奚仲因此也被视为车的创造者，受后人仰慕。因其有功，大禹赐封奚仲以薛（今山东滕州）为邑，称薛侯。奚仲家人闻讯都以此为荣，不少人甚至索性以薛为氏，表示纪念，是为薛氏之始。

作为一个历史悠久、有着辉煌事迹的家族，各个时期的薛姓人都以多姿多彩的形象活跃在历史的舞台上。如隋代诗人薛道衡，唐朝大臣、书画家薛稷，唐朝名将薛仁贵，北宋史学家薛居正，与米芾齐名的宋代书法家薛绍彭，明代著名学者、理学家薛瑄，清代医学家薛雪等。

公元 661 年，一向与唐友好的回纥首领去世，他的继位者转而与唐为敌。唐高宗诏郑仁泰为主将，薛仁贵为副将，领兵赴天山击九姓铁勒。临行，唐高宗特在内殿赐宴，席间唐高宗对薛仁贵说："古代有善于射箭的人，能穿透七层铠甲，你射五层看看。"薛仁贵应命，置甲取弓箭射去，只听弓弦响过，箭已穿五甲而过。唐高宗大吃一惊，当即命人取坚甲赏赐薛仁贵。郑仁泰、薛仁贵率军赴天山后，九姓铁勒拥众十余万相拒，并令骁勇骑士数十人前来挑战。薛仁贵临阵发三箭射死三人，其余骑士慑于薛仁贵神威都下马请降。薛仁贵乘势挥军掩杀，九姓铁勒大败，所降全部坑杀。接着，薛仁贵又越过碛（qì）北追击败众，擒其首领兄弟三人。薛仁贵收兵后，军中传唱说："将军三箭定天山，壮士长歌入汉关。"从此，九姓铁勒衰败，不再为边患。

【第七种：以住地的方位为姓氏】

在百家姓中，源于此种得姓方式的姓氏有：东郭。

dōng guō
东郭

得姓 源于姜姓，出自齐国君主齐桓公子孙东郭大夫，他们的后裔子孙及其族人多随之居住在相应的城郭中，其后各有以居地名称为姓氏者，随称东郭氏、南郭氏、西郭氏、北郭氏。齐桓公姜小白有子孙负责管理都城临淄外城的东部，史称东郭大夫。其后裔子孙遂以先祖官职称谓或居住地名为姓氏，称东郭氏。

郡望 济南郡。

堂号 济南堂和东郡堂。

春秋时期，齐国国君的亲族贵胄大夫分别掌管都城的东郭、南郭、西郭、北郭，同时领军驻扎于斯地，即称东郭大夫、南郭大夫、西郭大夫、北郭大夫，他们的后裔子孙及其族人多随之居住在相应的城郭中，其后各有以居地名称为姓氏者，随称东郭氏、南郭氏、西郭氏、北郭氏。齐桓公姜小白有子孙负责管理都城临淄外城的东部，史称东郭大夫。其后裔子孙遂以先祖官职称谓或居住地名为姓氏，称东郭氏，且十分擅长农业耕作，后大多省文简改分衍为单姓东氏、郭氏，皆世代相传至今。

复姓东郭氏是古老的汉族姓氏，但人口总数不多，其中比较有名的是齐桓公时期的五杰之一的东郭牙。

东郭牙是春秋时期齐国著名的谏臣，齐桓公与管仲谋划攻打莒国，尚未公布却国人皆知。管仲知道此事定是由东郭牙传出，于是质问东郭牙："我没有说过攻打莒国的话，你为什么要传播攻打莒国的消息呢？"东郭牙说："我听说君子善于谋划，小人善于揣测。我是私下里揣测出来的。我听说君子有三色，面露喜悦之色，是欣赏钟鼓乐器的神色；面带清冷安静之色的，是居丧时的神色；怒气冲冲，手足挥动，是要用兵打仗的神色。我看见您那天怒气冲冲，手足挥动，这就是要打仗的神色啊，你举起胳膊指点，被指的正是莒国。我私下考虑，诸侯当中不肯归附齐国的只有莒国了，所以我才传播了这个消息。"东郭牙观察之细，分析之深，堪称一绝。

【第八种：以部落的名称为姓氏】

覃源于覃怀氏，属于以部落名为姓氏。

复姓尉迟（yù chí）源于塞种人，出自南北朝时期鲜卑拓跋部尉迟氏族，属于以部落名称汉化为氏。

在百家姓中，源于此种得姓方式的姓氏有：呼延、慕容、宇文、万俟。

hū yán
呼延

得姓　古代匈奴族呼衍部落以部落名为姓，称呼衍氏，为古代匈奴族四大姓呼延氏、卜氏、兰氏、乔氏之一。

郡望　安定郡、新蔡郡。

堂号　安定堂、新蔡堂、太原堂、石楼堂。

呼延氏是典型的源出少数民族的古老姓氏，记入史册的名人有前赵呼延攸、晋名臣呼延谟、北宋开国元勋呼延赞及其后人呼延通、梁山英雄呼延灼、关中匈奴人呼延毒等。

呼延通，韩世忠部下猛将，据称是开国元勋呼延赞之后。绍兴四年大仪镇之战，韩世忠亲自出战诱敌，遇险，多亏呼延通援救，此役宋军获胜，呼延通也得到了“落阶官”奖赏，成为正任刺史。一年后，伪齐南侵，被呼延通率军击败，升团练使。之后的淮阳之役，呼延通又奋战立功，生擒金将叶赫贝勒，再升防御使。但是他乃一介勇夫，脾气暴躁，随韩世忠入朝时就曾口出不逊，弄得大臣要杀他以肃军列。后来他又把上司韩世忠得罪了，韩世忠借故把他贬为小兵，发配到仇人崔德明手下效命。之后韩世忠过生日，呼延通想去和解却碰了一鼻子灰，又被崔德明以擅离军队的罪名毒打一顿。呼延通再也忍受不了，于是投运河自杀，此时是绍兴十年金人破盟之际，本来是呼延通大显身手的时刻，没料到却以如此悲剧收场。

mò	qí
万	俟

得姓　姓源于敕勒族，出自南北朝时期敕勒部万俟氏族，属于以部族称谓汉化为氏，是单一源流。

郡望　兰陵郡、开封郡。

堂号　开封堂、兰陵堂、建昌堂。

万俟氏是南北朝时期“五胡乱华”过程中才出现的，属于北魏政权十大贵族之一，至今已有一千七百余年的得姓历史。万俟本来是鲜卑族的部落名称。北魏朝由道武帝拓拔珪创建，拓拔珪原是鲜卑君王后代，从小陷于战乱，而锻炼出一身才干。他不失良机地召集父王旧部，占地称王，扩展势力。在位期间，他实行了对百姓有益的“分土定居”国策，使农业得到复兴和发展。他又重用汉人，崇尚汉文化，使北魏的政治、经济、文化都呈现欣欣向荣的局面。东晋时，万俟部落随拓跋氏进入中原。他们的酋长，是后魏献帝的弟弟。后来，由于鲜卑族逐渐被中华文化所同化，这个部落的后裔就以部落的名称作为自己的姓氏，称万俟氏，并且千秋万世地袭用下来。

万俟氏是典型的少数民族姓氏，源出敕勒民族的一个分支氏族，人数不是很多。历史名人有北齐刺史万俟普、北魏末起义领袖万俟丑奴、宋代宰相万俟卨（xiè）、北宋末南宋初词人万俟咏等。

浙江杭州岳王庙前有四个铁铸的人像，反剪双手，面墓而跪，他们就是陷害岳飞的秦桧、王氏、张俊、万俟卨四人。跪像的背后墓门上有联曰：“青山有幸埋忠骨，白铁无辜铸佞（nìng）臣。”当初在朝廷时，岳飞知道万俟卨人品很坏，看不起他，万俟卨也感觉到岳飞对自己不尊，从此对岳飞心存不满。后来万俟卨秉承秦桧的意志，在朝中诬陷岳飞，说岳飞和他的儿子岳云给张宪写信，让张宪谎报军情以动摇朝廷，并命令张宪设法让岳飞回到军中；又诬告说岳飞在淮西战场迟滞不前的事，陷岳飞于死狱，致使岳飞父子和张宪等以莫须有的罪名被杀害，天下都认为他们冤枉。好在，奸臣终于得到了历史的鄙薄。

mù	róng
慕	容

得姓　源于高辛氏，出自秦汉时期鲜卑族慕容；源于鲜卑族，出自汉朝时期鲜卑中部大人慕容；源于鲜卑族，出自三国时期鲜卑慕容，属于以部落名称为氏。

郡望　敦煌郡、雁门郡、辽东郡。

堂号　敦煌堂、雁门堂、辽东堂。

慕容氏是鲜卑族主要部落之一。三国时，鲜卑族首领莫护跋率领族人迁居辽西，曾随同司马懿征讨割据辽东的公孙渊，立下战功，被封为率义王。莫护跋在荆城以北建立国家。据说当时北方的汉人流行戴步摇冠（一种带有悬垂装饰物的帽子），莫护跋见了也很喜欢，也做了一顶，整天戴在头上。鲜卑人见了他这种打扮，都称他为“步摇”，因当地语言“步摇”同“慕容”读音相近，所以传到后来就成了“慕容”。莫护跋的后人便干脆以此作为部落的名称。到了西晋时期，莫护跋的后代创建了著名的前燕国，从此正式以慕容为姓，世代相传至今。东晋十六国时，慕容氏在北方先后建立了前燕、后燕、西燕、南燕等国，前后历时七十多年。

西晋时期，慕容氏族人正式以慕容为姓氏。在东晋到十六国时期，燕国曾鼎盛一时，慕容姓氏得到了很广泛地流传。该姓主要历史名人有慕容皝（huàng）、慕容恪、慕容延钊、慕容垂、慕容三藏、慕容延钊、慕容彦超等。

慕容延钊出身将门，少年时代就以勇敢干练闻名。他戎马一生，战功无数，尤善于攻伐，以军事统帅的身份参加了后周和北宋几次主要的统一战争，并立下显赫战功。慕容延钊曾在高平之战中督左先锋，冲锋陷阵，奋力拼杀，为取得高平之捷立下了汗马功劳。赵匡胤称帝后，慕容延钊多次奉帝命带兵征战并取得胜利。出征荆南时，他按照赵匡胤“假途灭虢”的策略，借道荆南向湖南进军，趁着荆南观望游移之际，突然兵临城下，迫降荆南，然后水陆并进，一举攻克了荆南，再次立下赫赫战功。

yǔ wén
宇文

得姓 源于匈奴族，出自魏、晋时期辽东匈奴南单于之后，属于汉化改姓为氏。

郡望 赵郡、太原府。

堂号 赵郡堂、太原堂。

魏晋时，北方鲜卑族有宇文氏部落，自称是炎帝神农氏的后裔，从祖先葛乌菟起世袭为鲜卑东部大人。后来有普回袭任大人，他在打猎时拾到一颗玉玺，上刻“皇帝玺”三字，于是，这位普回大人自以为是天授神权，便自己号称宇文氏，而自己的部落就叫作宇文部（当地人呼天为“宇”，呼君为“文”，意即“天子”）。东晋时，宇文氏进据中原，号称宇文国，以宇文为姓，称宇文氏。

宇文氏复姓氏是典型的北方少数民族汉化姓氏。宇文姓早期活动在西北地区，唐代时，渐渐遍及中原各地。宋后宇文氏已不常见。如今，宇文氏只在部分地区有少量分布。宇文姓名人有南北朝东魏史学家宇文忠之，西魏将领宇文洛生，北魏将领宇文肱、宇文测、宇文泰，北朝北周创建者宇文觉，北朝北周宇文虯、宇文贵、宇文孝伯、宇文直、宇文达，隋建筑家宇文恺，北宋学者宇文之部，元朝文学家宇文公谅。

公元537年，东魏高欢进击西魏宇文泰。当时，高欢率兵20万，而宇文泰则不足万人。军力悬殊，这仗怎么打？宇文泰思谋良久，首先决定外出迎击，把战场设在都城之外，避免打被动的防守战。宇文泰反复思量高欢的进攻路途，以安排战场。后来，他决定在沙苑（今山西高陵）东背水列阵，但是手下将士却十分不解。宇文泰解释说："我想背水列阵，不是为了激励士气，而是为了埋伏兵力。此河东岸芦苇遍地，正可藏人。待我与高欢拼杀时，伏兵杀出，高欢势必大惊败走。"大家同意了他的想法。宇文泰让6000名甲士埋伏在芦苇丛中，自己带领3000名人马背水列阵，等待高欢。高欢大兵到来，见宇文泰背水列战且一字长蛇阵，将弱点暴露给对方，犯了兵家大忌，以为此战必胜，便冲杀过来。此时，宇文泰一声信号，埋伏在芦苇丛中的兵甲杀出，高欢兵一见，以为中了埋伏，掉头便跑，却与后面的人自相践踏，大败而逃。仅此一战，宇文泰就消灭高欢8万人马。

【第九种：以出生时的异象为姓氏】

在百家姓中，源于此种得姓方式的姓氏有：武。

wǔ
武

得姓 源自姬姓，周平王少子姬武之后。周平王少子出生后手掌中便有一片特殊的纹路，形状就像个“武”字，后来他的子孙便以武为氏。

郡望 太原郡、沛郡、冯翊郡。

堂号 太原堂、冯翊堂、沛郡堂、鬻（yù）薪堂、北武堂。

公元前770年，犬戎入侵西周，周幽王被杀，周的京都也遭破坏。周幽王的儿子宜臼受申、许、鲁等部分诸侯拥戴，在申即位，后迁到雒邑，历史上称东周。宜臼就是周平王，因其手掌上有一“武”字形状纹路，故被赐为武氏，后来他的子孙，因而以武为氏，史称武姓正宗。是为河南武氏。

商王武丁继位时，国力衰弱，于是极力想恢复殷商当年盛况，却因找不到贤臣辅佐而犯愁。相传，有一夜武丁梦到叫“说”的圣人会辅佐他，于是四方找寻，终于在山西平陆东面傅岩之地找到，此人即是出身奴隶的贤相傅说。武丁对傅说十分信任，君臣齐心协力，使殷商达到鼎盛时期，史称“武丁中兴”。武丁死后，其后人认为他功劳盖世，可与开国君主成汤相比，应有自己的姓，遂以其名为氏，称为武姓，奉武丁为武姓始祖。

武姓得姓后不断繁衍，并迅速迁徙，至汉、魏晋南北朝已形成多个望族。唐代出了一个武则天，使武姓达到昌盛之期，遍及全国。武姓的历史名人有五代后蜀著名将领武漳、中国历史上唯一一位女皇帝武则天、唐代宰相兼诗人武元衡、北宋著名画家武宗元、元代戏曲家武汉臣、清代著名学者武亿等。

武则天是中国历史上唯一的正统女皇帝，当她还在襁褓中时，袁天罡（gāng）（唐初天文学家、星象学家、预测家）一见到武则天的母亲杨氏便吃惊地说：“夫人法生贵子！”武则天的母亲便把两个儿子武元庆、武元爽领出让袁天罡相面，可是袁天罡一看说可以官至三品，只不过是能保家的主儿，还不算大贵。杨氏又唤出武则天的姐姐（后封韩国夫人）让袁天罡相，袁天罡称:“此女贵而不利夫！”最后由保姆抱出穿着男孩衣裳打扮的武则天，袁天罡一见襁褓中的武则天大为震惊，说她“龙瞳凤颈，极贵验也”，但又遗憾地说:“可惜是个男子，若是女子，当为天下主！”

【第十种：以谥号为姓氏】

穆、戴、宣、庄、缪、厉、景、卓、饶姓，皆是以谥号为姓氏。在百家姓中，源于此种得姓方式的姓氏有：文、康、汤、丁。

dīng

丁

得姓　源于姜姓，出自姜太公之子姜伋（jí）的谥号；源于子姓，出自殷商诸侯丁侯的后裔，属于以先祖谥号为氏。

郡望　济阳郡、热河上营。

堂号　五果堂、易东堂、济阳堂、承德堂、驯鹿堂。

据史籍记载，丁氏源出姜太公之子伋。姜太公的儿子姜伋，在周成王姬诵执政时期为周王朝重臣，又是后来周康王姬钊的顾命大臣，对周王朝有辅佐大勋。姜伋逝世后，周王室敕封其谥号为“丁公伋”，其后裔子孙中有以其谥号为姓氏者，称丁氏，史称丁氏正宗。

丁氏是一个典型的多民族、多源流姓氏群体，属于超级大姓系列。

丁氏支源众多，但大致上，山东为其最早发源地，后在当地发展成为丁氏最大的济阳郡望，山东丁氏一族亦是各地迁播的主源头。三国、两晋、南北朝时期，可谓丁氏族人历史上播迁的昌盛时期。

丁氏得姓后，曾在汉、晋之际大放异彩。之后，这一份光辉千百年传留了下来，历史上的每一个朝代，丁氏都是人才辈出，到了清代更是登峰造极。

清代的丁氏，既有传名千古的国家栋梁之材，也有了不起的学者，丁宝桢、丁日昌、丁敬、丁申、丁丙、丁取忠，无一不是满缀着晶莹光华的名字。

丁汝昌，晚清北洋海军提督。在威海卫之战中，他指挥北洋舰队抗击日军围攻，但未得到上级命令，无奈港内待援，致北洋海军陷入绝境。几经苦战，北洋舰队损失惨重。丁汝昌乘的“靖远”号巡洋舰不幸中炮搁浅，丁汝昌被水兵救上小艇得以身免。此时，刘公岛守军内部大乱，少数洋教官串联部分海军军官，煽动士兵威逼丁汝昌率众降敌。丁汝昌毫不为其所动，他凛然声明：“我知事必出此，然我必先死，断不能坐睹此事！”他慰告部下坚守待援，并说：“海军如败，唯有战至船没人尽而后已。”1895 年 2 月 11 日夜，丁汝昌自知陆上援兵无望，服下超量的鸦片自尽，时年 59 岁。北洋舰队余部降敌；不久，甲午战争以中国的全面失败而告终。

kāng

康

得姓　源于姬姓。出自周武王的同母弟姬叔封，即康叔，封地于卫，其死后谥号为“康”，因此又称卫康叔。卫康有庶子以其谥号为姓氏。

郡望　京兆郡、东平郡、会稽郡、华山郡。

堂号　京兆堂、东平堂、会稽堂、华山堂、江夏堂。

周公平定叛乱之后，大规模地分封诸侯，把原来商都周围地区和殷民七族分封给当时素负贤名的康叔统治，并改封康叔为卫君，建立卫国，故又称卫康叔。周公担心叔封年轻治理不了殷地遗民，作《康诰(gào)》、《酒诰》、《梓材》给康叔，让他照此去做。康叔按照哥哥的教导，果然把殷地管理得井井有条，把过去那些一直蠢蠢欲动的殷民安置得心服口服，做到了“化敌为友”的境界，受到殷民的爱戴。康叔的声誉日隆，到周成王长大亲政之时，他被举用为司寇，权位高于其他诸侯。他逝世后谥号是“康”，其后世有以谥号为氏，或以封邑为氏，称康氏。

康氏最早的发源地是康叔被封的卫国，至唐代，康姓已散居今河南、山东、陕西、甘肃、安徽等地。明代，康氏分布地更为广泛。如今康姓尤以安徽、四川、甘肃、山东、陕西等省居多。

康氏是《百家姓》中极为重要的一个姓氏，成员众多，历史名人辈出，如中国早期远行海外的旅行家之一三国时的康泰，高僧康僧会，唐代经学大师康子元，唐代著名琵琶演奏家康昆仑，唐大理寺少卿康澄，北宋开国功臣大将康再遇，南宋著名学者康与之，元代戏曲家康进之，明朝工部尚书康大和，明代文学家康海以及近代资产阶级改良派代表人物之一康有为。

康大和被明朝皇帝称为“一代儒宗”。他是嘉靖、隆庆、永乐三朝元老，学问渊博，治学严谨。

早在康大和年轻时，就已经显露出满腹才华。有一天，康大和去山里卖竹蛏，路途遥远回不去，晚间寄宿在一个学馆里，与先生同住在一个房间。大和见时间尚早，就拿出随身带来的书翻看，先生见大和卖货还一边读书，是个有志之士，就和他拉起了家常。从闲聊中先生看出大和谈吐不凡，有意要考考他。翌日起床后，先生对大和说：“有个上联，三年无人对出。不知何时能遇贤人，寻得佳对？”大和不动声色回应道：“先生不妨道来。”先生捋着胡须，漫不经心念道：“小犬无知，闯入深山窥虎豹。”大和听出先生弦外之音，隐含有试探和揶揄（yé yú）自己的意思。他默然一笑，顺口回敬道：“青龙来遇，闲来浅水戏鱼虾。”先生听后，自觉没趣，但他打心眼里佩服眼前这位才华横溢的后生。

tāng 汤

汤，读音作 yáng，亦可读作 tāng。

得姓 源于子姓，出自夏朝成汤之号，该支汤氏正确读音为 yáng；源于子姓，出自西周初期亳国国王汤子偃，属于以先祖谥号为氏。在今藏、羌民族中，多有称汤氏、唐氏者，读音皆作 tāng。

郡望 中山郡、范阳郡。

堂号 中山堂、范阳堂、摘星堂、吞星堂、玉茗堂。

夏朝末期，夏桀残暴无道，国内动荡不安。成汤顺从民意，不断积聚力量，开始有计划地讨伐夏桀。在贤臣伊尹的辅佐下，他经过十一次的出征，逐个灭掉了夏王朝的三个重要同盟附庸国，成了当时最强的诸侯国。之后，成汤领军一举灭夏王朝，把夏王桀放逐到南巢去悔过。之后，成汤建立了中国历史上第二个奴隶制国家商王朝，始称商汤。汤逝世后，被后世谥为“成汤”，历史上尊称为“帝乙”。在成汤的后裔子孙中，有以先祖的字“汤”为姓氏者。

汤姓历史悠久，名人辈出，主要有元代理论家汤厘、明初将领汤和、明抗倭名将汤克宽、明戏曲作家汤显祖、明末琵琶演奏家汤应曾、清代诗书画家汤世澍（shù）、清史学家汤球等。

汤显祖，明代戏曲家、文学家。他在戏剧上的成就很高，在遂昌任知县期间，因抑豪强、除虎患、奖励农事、建相圃（pǔ）书院等美政，深受遂昌人民爱戴。

有一年除夕，汤显祖下令将家在遂昌，或有亲友可投的囚犯三十多人，放回家去过年，限他们在正月初四回狱服刑。汤显祖说：“这些囚犯，原先也是善良百姓，做错事犯了法，法虽难容，情有可原。各人都有家小，让他们回家团聚过年，他们一定会感恩戴德，改恶从善的。”

事实果然如此，那些回家过年的囚犯，到了正月初四这天，都按期回来入狱服刑。

转眼到了元宵佳节这天，汤显祖叫狱中囚犯梳洗一番，换上干净衣服，由狱官带着上河桥观灯。

河桥横贯送溪，朱漆桥栏，金顶画亭，过去原是官宦赏灯的地方，今天却是一批为人所不齿的囚犯在这里观灯，引得灯彩到这里要自动多耍几回。

夜色清朗，星月初上，遂昌城里一片灯火辉煌，好一派热闹景象！河桥上的囚徒，做梦也没有想到会在元宵佳节与良民同乐赏灯，个个感动得流下了热泪。

除夕遣囚回家，河桥纵囚观灯，成为奇闻美谈，一直流传到今天。

wén

文

得姓 出自于姬姓，周武王完成灭商大业，建立周朝。武王追谥其父为周文王，其子孙中有以其谥号为姓的，是以谥号命名的姓氏。

郡望 燕门郡。

堂号 六义堂、雁门堂、化蜀堂、信国堂、正气堂等。

据有关资料所载，商朝末年，居住于渭河流域的周族逐渐强盛起来，尤其是姬昌即位后，励精图治，深得国人拥戴，被商纣王封为西伯。西伯在贤臣姜尚的辅佐下，建丰邑（今陕西长安沣水以西）作为国都，其实力超过商王朝。西伯在位 50 年，他死后，其子周武王继承了他的遗志，完成了灭商大业，建立了周朝，并追谥西伯为周文王。文王的支庶子孙中有以他的谥号“文”为姓氏的，称文氏。

文氏文化源远流长，早在西周时期文姓就已出现。在历史的发展中，名人频出，如春秋时越国大夫文种，东汉末年名将文丑，北宋著名画家、诗人文同，南宋民族英雄文天祥，明代书法家文震孟、文震亨兄弟，明代画家文伯仁、文从简，清代洋务派首领之一的文祥，明代书画家“江南四大才子之一”的文征明等。

文种，春秋末期著名的谋略家，越王勾践的谋臣，和范蠡一起为勾践最终打败吴王夫差立下赫赫功劳。灭吴后，文种没有像范蠡一样退隐，而是仍停留于越国为丞相。在要和平还是要称霸的战略方针上，主张养民的文种与勾践又发生了最为强烈的冲突。范蠡隐退，还留下信给文种，劝他逃跑。文种看了之后，称病不朝。于是有人进谗言说文种要造反作乱，勾践听信谗言，赐给文种一把名为属缕的剑，说：“你当初给我出了 7 条对付吴国的策略，我只用 3 条便打败了吴国，剩下 4 条在你那里，你用这 4 条去地下为寡人的先王去打败吴国的先王吧！”于是文种自刎而死。

【第十一种：因避讳、避祸所改的姓氏】

锺、裘、束、能是因避讳、避祸所改的姓氏。

在百家姓中，源于此种得姓方式的姓氏有：尤、严、贺、钟、桂。

gùi

桂

得姓　出自姬姓，是周王胄的后裔，汉代炅横有四个儿子，家中有难，四子逃难，其中一个避居到幽州，改姓为桂，属于因避祸改姓。

郡望　天水郡、幽州郡、燕郡、郁林郡。

堂号　天水堂、幽州堂、北燕堂、桂林堂、民祀堂。

东周灭亡后，原王族周王的后裔姬季桢曾经任过秦国的博士。秦始皇焚书坑儒的时候，姬季桢被杀害了。姬季桢的弟弟姬季眭为了逃避株连的命运，就按自己名字的读音“眭”，将姬季桢的四个儿子更改姓名避祸。长子名奕，改为桂奕，居住在幽州守坟墓；老二叫昋突，迁居济南朱虚；老三叫炅奖，居住于齐国历山；老四叫炔羙，移居河南阳城。于是有了桂、昋、炅、炔四个同音的姓。桂姓就是姬季桢长子桂奕的后代，世代相传桂姓。上面所说的四个姓，字虽然不同，但是音却是相同的，为同宗同源。五代的时候，四姓为了躲避战乱，南渡到广信、上饶及河南汝州等地区。

桂姓得姓早期比较沉默，宋、明以后，开始大放异彩，尤其到了明，很快成了江南的名门大姓。历史名人有清朝文字训诂学家桂馥，被洪武皇帝御口赞誉为“江南在儒，惟卿一人”的桂彦良，为官清廉的清朝官员桂文灿等。

桂萼（è）总是冒犯自己的上司，违抗他们的命令。而且，他和一般的基层官吏之间的关系也不协调，这种情况在封建社会中实属少见。桂萼在县任职，非常了解缙（jìn）绅势家及豪强地主欺隐土地逃避赋役的情况，深知赋役不均给朝廷的统治带来的不稳定因素，因之，他积极致力于均平赋役的工作。他任成安知县时，排除多方阻难，终于完成了清丈土地的工作。丈地之后，桂萼“计亩征粮，民不称累”，纠正了当地社民享无税之田、屯民供无田之税的不合理现象。嘉靖九年十二月桂萼告老还乡，不久就因病死在家中，朝廷追赐他为太傅，谥号“文襄”。后人赞誉桂萼“均平赋役，屡忤（wǔ）官吏”。

hè

贺

得姓 源于姜姓，出自东汉汝阴令庆仪曾孙庆纯之后，属于因避帝王之讳改姓为氏。

郡望 会稽郡、河南郡、广平郡、济南郡、陈留郡、青州郡、忻（xīn）州郡、蔡州郡、密州郡。

堂号 会稽堂、河南堂、广平堂、济南堂、陈留堂、青州堂等。

春秋时，齐桓公（姜姓）有个孙子叫公孙庆克，他的儿子庆封以父名命氏，称为庆氏。庆封在齐灵公时任大夫，在庄公时与崔杼（zhù）曾为上卿，执掌国政。后两人再升为左右相国。因崔杼家发生内乱，庆封以弑君罪灭掉崔氏，独霸朝政。于是庆封把政事交给儿子庆舍处理，自己只管吃喝玩乐，引起了朝上朝下对庆氏的不满。后来庆封的亲信卢蒲癸和王何，趁庆封外出之机，杀死了庆舍，庆封见势不妙，便逃到了吴国。吴王把朱方封给庆封，庆氏宗族闻讯赶来相聚，从此，庆氏比在齐国时还要富裕。至西汉末期，其子孙徙会稽山阴，东汉时传至庆仪为汝阴令，其曾孙庆纯官拜侍中，为避汉安帝的父亲刘庆的名讳，将“庆”字改为同义的“贺”字，庆纯改为贺纯。史称贺姓正宗，是为江苏贺氏。

贺氏从得姓开始就是当地一大望族，以会稽为其堂号、郡望。在汉、魏六朝时期，会稽贺氏与同郡的虞、魏、孔三姓并称为“会稽四姓”。贺氏是礼学世家，历史上贺氏名人辈出，比较著名的有贺齐、贺邵、贺循、贺知章等。

唐天宝元年，诗人李白来到京城长安。他在长安没有一个朋友，就孤身一人住在小客店里。一天，他到一座著名的道观紫客去浏览，碰见了著名诗人贺知章。贺知章很早就读过李白的诗，极为景慕，这次偶然相逢，就亲切地攀谈起来。他向李白要新作的诗看，当他读完《蜀道难》时，惊讶地对李白说：“看来，你就是天上下凡的诗圣呀！”

黄昏时分，贺知章邀请李白去饮酒，在酒店刚坐下，才想起身边没有带钱。

他想了想，便把腰间的金饰龟袋解下来，作为酒钱。李白阻拦说：“使不得，这是皇家按品级给你的饰品，怎好拿来换酒呢？”贺知章仰面大笑说：“这算得了什么？我记得你的诗句‘人生得意须尽欢，莫使金樽空对月’呢。”

两人都能喝酒，直到大家微醉时才告别。后来，贺知章向皇帝推荐李白，皇帝也已久闻李白大名，于是就任命李白为翰林待诏。

后来贺知章去世，李白独自对酒，怅然有怀，想起当年金龟换酒，便写下《对酒忆贺监二首》。

yán

严

得姓 源于庄姓，为避明帝刘庄之名讳，改姓严。故后世有“庄、严本一宗，同姓不可婚”之说。

郡望 天水郡、冯翊郡、华阴郡。

堂号 天水堂、富春堂、调山堂、古秋堂、钤山堂、宜雅堂、四录堂、尺五堂、海云堂等。

严遂，全名为姬严遂，战国时期韩国著名的大夫，史称严仲子。公元前400年，韩列侯继位不久，就发生了大夫严遂与魏国宰相侠累争权的事情。严遂在朝堂上指责侠累的过失，结果却被侠累叱斥，严遂当时就愤怒地要拔剑上前，被别的大夫们劝阻了。后来，严遂又惧怕侠累的报复，因而逃奔齐国。严遂的后裔子孙中，多有以先祖名字为姓氏者，称严氏，世代相传至今，是非常古老的姓氏之一，为著名的东海严氏。

严姓是我国南方典型的姓氏之一，严姓名人有严嵩、严忌、严复等。

严复是中国近代史上向西方国家寻找真理的“先进的中国人”之一。年少的严复家境并不富裕，14 岁时父亲去世，家境窘迫，这时，福州船政局开张，学堂招生，食宿全免，每月有四两白银补贴，每三个月考试一次，成绩列为一等，可领赏银十元。闽广一带许多家道比较困难人家的孩子都去投考。揭榜时，14 岁的严复高居榜首。他格外珍惜进学堂的机会，特别刻苦勤奋，每次考试都名列前茅。同治十年，在理论课结业大考中，严复考了最优等。后来，严复成了清末极具影响的资产阶级启蒙思想家、翻译家和教育家，这与他年少时的刻苦努力密不可分。

yóu

尤

得姓 源于芈姓，出自五代时期闽越国沈氏族人，为沈氏族人避五代时期闽越王王审知的名讳而改为尤氏。属于因避讳改姓为氏。

郡望 吴兴郡、南阳郡、汝南郡。

堂号 吴兴堂、南阳堂、太原堂、长安堂、汝南堂、树德堂、志清堂、吴兴堂、归闲堂、鹤栖堂、遂初堂等。

据尤氏族谱记载，永宁尤姓本来姓沈，唐朝时因躲避战乱而来到闽，落脚的地方名为尤溪。当时在位的闽王名为王审知，沈思礼（尤姓的开基始祖）是当时的郡马，为了避讳他名字里的“审”音，就把自已姓氏的三点水旁去掉，并且把剩下来的那半个字改为跟原字十分接近的尤字，由此改为尤姓。这段典故，载于《梁漫录》。正由于尤姓来自沈姓，所以在福建，沈、尤二姓是不相婚配的。

北宋之前，尤姓族人沉寂无声，而北宋之后，尤姓开始光芒四射，如宋代书画家尤叔保，“南宋四大家”尤袤，宋代诗人尤概，宋代名士尤时泰，明末将领尤世功、尤世威、尤世禄三兄弟，明末清初文学家、戏曲家尤侗，清代医学家尤怡，清代诗人尤珍，清代学者尤澹仙，清代书画家尤荫，清朝将领尤渤等。

尤袤是南宋诗人，与杨万里、范成大、陆游并称“南宋四大家”。尤袤出身于书香门第，在家庭环境熏陶下，五岁能诗，十岁有神童之称，十五岁时名声就响遍毗陵郡（今常州）。可惜，尤袤的大量诗稿和其他著作以及三万多卷藏书，在一次火灾中全被焚毁。《青山寺》可称为他现存诗歌中的代表作：“峥嵘楼阁扦（qiān）天开，门外湖山翠作堆。荡漾烟波迷泽国，空蒙云气认蓬莱。香销龙象辉金碧，雨过麒麟驳翠苔。二十九年三到此，一生知有几回来。”

zhōng 钟

得姓　源于子姓，出自战国时期宋国末代君王偃的三弟公子烈，属于因避祸改姓为氏。

郡望　颍川郡、竟陵郡。

堂号　颍川堂、竟陵堂、四德堂。

周王朝初期，周武王姬发将远古东夷族首领伯益的后人封在钟离邑，后建有钟离国，是一个很小的诸侯国，国君称钟离子。到了春秋中期，钟离国灭，钟离子被迫成为楚国的下臣，钟离国成了楚国的附庸小国。钟离子死后，他的后代以国为姓，世代相传至今。

得姓后的钟姓在各方面大放异彩，如精音律的春秋时期的钟子期、三国大书法家钟繇、三国时魏国谋士钟会、中国南朝文学批评家钟嵘、明代著名的学者钟芳、清代著名翻译家钟天纬等。

钟子期，春秋战国时代楚国人。相传钟子期是一个戴斗笠、披蓑衣、背冲担、拿板斧的樵夫。伯牙弹琴的时候，钟子期在一旁欣赏。伯牙弹奏时意在高山，钟子期说：“弹得太好了！琴声就像巍峨的高山。”伯牙意在流水，钟子期赞叹道：“弹得真好！琴声就像水势浩荡的江河。”不论伯牙弹奏时想什么，钟子期总是能准确地说出他的心意。子期死后，伯牙觉得再也找不到比钟子期更了解他的知音了，于是把琴摔碎，终生不再弹琴。

【第十二种：帝王赐姓氏】

董、滕、吉、幸、殳、公、佴、爱等姓，属于帝王赐姓为氏。在百家姓中，源于此种得姓方式的姓氏有：黄、金、林、刘、喻。

huáng

黄

得姓 源自嬴姓和姚姓，属于帝王赐姓为氏。

郡望 江夏郡、会稽郡、零陵郡、巴东郡、洛阳郡、晋安郡、濮阳郡、东阳郡、南安郡、西郡、江陵郡、松阳郡、固始郡等。

堂号 宽和堂、江夏堂、炽昌堂、四士堂、千顷堂、逸敦堂、敦睦堂、檀樾堂等。

舜帝时候，东夷部落的首领叫伯益，因帮助禹治水有功，又为舜驯服鸟兽，被帝舜赐姓嬴氏。传说伯益的后裔有14支，其中的黄氏，大约于商末周初建立黄国。春秋时期，南方的楚国称霸，只有黄国和随国敢于抗衡。公元前648年，楚成王责备黄国不向楚国进贡，黄国国君错误地分析形势，既不理会楚国的责问，又不进行任何防备，结果于当年夏天被楚国灭掉。亡国后的黄国子孙，以国名为姓氏，就是黄氏。

《中国人名大辞典》收入了黄姓历代名人六百多名，史册中黄姓名人熠熠生辉，如楚国大臣黄歇，秦末汉初道家学者黄石公，三国名将黄忠、黄盖，黄姓第一位状元隋朝的黄凤麟，唐末农民起义领袖黄巢，江西诗派的开创人、北宋黄庭坚，女工艺家元朝黄道婆、元朝画家黄公望，明朝书画家、抗清英雄黄道周，明末清初史学家、地理学家黄宗羲等。

黄庭坚幼年即机警聪明，读书数遍就能背诵。他舅舅李常到他家，取架上的书问他，他没有不知道的。有一次，李常又来到黄庭坚家，见黄庭坚正伏案攻读，便想试一试外甥的才学。进书房时，李常见院内有一棵桑树，便以桑、蚕、茧、丝、锦缎之间的关系为题，吟顶针上联道：

桑养蚕，蚕结茧，茧抽丝，丝织锦绣。

见舅父又来考试，黄庭坚非常高兴，才思益发敏捷。他从手中握的那支毛笔得到启发，立即答对出下联：

草藏兔，兔生毫，毫扎笔，笔写文章。

李常见外甥小小年纪便能对出这样难度较大的联句，从此对黄庭坚更加器重、爱护，着意精心栽培，使之进步更快。长大后，黄庭坚在诗歌、书法、词作等方面均取得了很高的成就。

jīn 金

得姓 出自少昊金天氏。少昊是上古五帝之一，是黄帝的己姓子孙，又有金天氏的称号。他的后裔就以金为姓，称金氏；源于匈奴族，出自西汉时期匈奴休屠王之子金日磾（dī），属于帝王赐姓为氏。

郡望 彭城郡、京兆郡。

堂号 京兆堂、丽泽堂。

相传黄帝之子元枵（xiāo）因修太昊之法，故曰少昊。按照古人的五行学说，土生金，又因后来继承了黄帝的帝位，以五行之首——金统治天下，世称其有金德，故号金天氏，改为嬴姓，为东夷族联盟的首领。少昊登基之时，正值凤鸟飞临，人谓之祥瑞，遂以鸟为图腾，曾以鸟名为官名，设有工正和农正，管理手工业和农业。其后裔中有以其号为氏者，遂有金氏。

金姓是中国人口最多的大姓之一，英才辈出，代不乏人。唐代有将军金忠仪，宋代有龙图阁直学士金文刚、天下第一的奉诏举孝廉金彦，元代有学者金履祥、书法家金元举，明代有学者金问、散曲家金銮，明末清初有著名文学批评家金圣叹，清代有“扬州八怪”之一的书画家金农、史学家金门诏。

金圣叹一生批了很多书，是位很有名的人物。

金圣叹对清朝大兴文字狱极为愤慨，他奔走呼叫“孔夫子死了”，并带领学生去哭孔庙，表示抗议，结果被清统治者判处死罪。临刑前，他儿子带着梨和莲子前往探监。两个儿子望着即将永别的父亲，泪如泉涌。金圣叹虽心中难过，但为了安慰儿子，只能泰然自若地说：“哭有何用，来，我出个对联你来对。”于是吟出上联“莲（怜）子心中苦”，听到此联，儿子更是哭得肝肠欲裂，说不出话来。他稍加思索，说：“起来吧，我替你对下联——梨（离）儿腹内酸。”听者无不为之动容，黯然神伤。上联的“莲”与“怜”同音，意思是怜惜儿子心中苦楚；下联的“梨”与“离”同音，意寓自己即将离别儿子，心里酸涩。这幅生死诀别对，字字珠玑，语义双关，对仗工整，可谓出神入化、撼人心魄。

lín 林

得姓 源于子姓，出自黄帝高辛氏之后商朝比干，属于王侯赐姓为氏。

郡望 西河郡、济南郡、下邳郡、南安郡、晋安郡。

堂号 济南堂、下邳堂、南安堂、晋安堂、西河堂、九龙堂、九牧堂、松卜堂、十德堂、忠孝堂、敦本堂、崇本堂等。

林姓是一个有着悠久历史的姓氏，相传因商朝末年的名臣比干而来。比干原是商朝王室成员，在商纣王时担任少师之职，以忠正敢言知名。纣王昏庸无道，他多次进言匡谏，后来因此获罪而死。他的夫人陈氏为躲避官兵追杀，逃难于长林石室，生子名坚，因生于林被周武王赐以林姓，史称林坚，被林姓人尊为受姓始祖。

《中国人名大辞典》收入了林姓历代名人近三百名，例如春秋时期林放、福建历史上第一位状元林慎思、作家林嗣环、政治家林则徐等。

林则徐的女婿沈葆桢，年轻时功名未就，跌宕不羁，曾有咏新月诗云：一钩已足明天下，何必清辉满十分。林则徐读了，认为女婿诗虽好，但却小有不妥，于是替他把“必”字改为“况”字。沈葆桢的诗托月言志，未免自视清高，气量偏狭。林则徐把它改为“何况清辉满十分”，诗意迥然不同，表达了功名未就时，蓄才积识以备济世之用，一旦身居高位便当大展身手的志向。而且对照上下句，诗中隐含着“居庙堂之高则忧其民，处江湖之远则忧其君”的深意。一字之差，反映了翁婿两人的不同襟怀。

liú 刘

得姓　源于祁氏改姓而来，属于帝王赐姓为氏。

郡望　彭城郡、沛郡、弘农郡、河间郡、中山郡、梁郡、顿丘郡、南阳郡、东平郡、高密国、竟陵郡、河南郡、尉氏县、广平郡、丹阳郡、广陵郡、长沙郡、临淮郡。

堂号　彭城堂、豢龙堂、藜照堂等。

刘姓为中国大陆第四大姓，江西第一大姓。在中国历史上，刘是登基为帝人数最多的一个姓。在中国古代有“刘天下，李半边”的说法，而在中国北方则有“张王李赵遍地刘”的说法。

相传祁姓是黄帝的后裔所分得的姓氏之一。后来祁氏被封于刘国，亦即今定州唐县。其子孙以国为姓，相传姓刘，史称刘氏正宗，这就是陕西刘氏。

《中国人名大辞典》收入了刘姓历代名人 1500 多名，名列姓氏前茅。而在中国历史上，刘姓称帝称王者多达 66 人，领诸姓氏之先。刘姓先后建立有西汉、东汉、蜀汉、汉、前赵、南朝宋、南汉、后汉、北汉、大齐等王朝或政权，共历时 650 多年，是中国建立封建王朝最多最久的姓氏。

提起刘氏名人，更是数不胜数。汉高祖刘邦，开创治世“文景之治”的汉文帝刘恒、刘启父子，中国古代伟大的政治家、“汉武盛世”的缔造者汉武帝刘彻，文学家刘向，中国古代杰出的天文学家和数学家刘洪，三国时期军事家、政治家刘备，三国时代魏国数学家、《九章算术》作者刘徽，“竹林七贤”之一的刘伶，西晋爱国将领刘琨，《文心雕龙》作者刘勰，南朝宋文学家刘义庆，唐朝文学家、有“诗豪”之称的刘禹锡，明代医学家刘天和，清代政治家刘墉，抗法抗日民族英雄、台湾近代化的奠基人刘铭传，清代小说家刘鹗，北洋水师名将刘步蟾等。

汉武帝刘彻，是个胸怀大度、思贤若渴的皇帝。他刚一即位，就发出了一个很不平常的求贤诏书，指出不管一个人出身贵贱，只要有特殊才能，就可封为将相。他说到做到，破格录用了许多下层出身的人才。

有一次，汉武帝微服出访，来到一个叫柏谷的地方。晚上，他们住进一家客店，店主人见他们年纪轻轻，行动诡秘，以为是一伙盗贼，便偷偷溜出店门，打算召集附近的老百姓袭击这伙可疑的旅客。店主人的妻子好言相劝说:“我看他们不像盗贼，那领头的倒像个贵公子，你千万不能轻举妄动，错伤好人。”店主人被劝阻下来。女主人杀鸡宰羊，摆下酒席盛情款待了客人一番。

第二天一早，汉武帝知道了事情的经过。回宫之后，他立即召见店主人夫妻俩，先赐给女主人一千两金子，接着又把目光投向男主人。顿时，大殿里的气氛紧张起来，人们以为男主人一定会受到惩罚。谁知，汉武帝不但没有降罪，反而称赞他疾恶如仇，是个壮士，并当场拜他为羽林郎。

这件事传出之后，汉武帝的威望更高了。

汉武帝刘彻
丙申杭之静书屋姚刚作

yù

喻

得姓　源于姬姓，出自远古黄帝时代医官俞柎（fū）。属于帝王赐姓改姓为氏。

郡望　河东郡、江夏郡、南昌郡。

堂号　扶风堂、严陵堂、钱塘堂、河东堂、安州堂。

远古黄帝时，有个医官叫俞柎，他的后代相传姓俞，称为俞氏。到了南宋建炎时，俞姓的后代有个叫俞樗（chū）的，聪明好学，举为进士，精通世故，无所不知，皇帝喜欢他样样知喻，就将喻姓赐给他，他的子孙乃以喻为姓，形成了喻姓。

喻姓名人有喻姓第一大支的始祖喻猛、唐代诗人喻凫、南宋时期“一门六进士”的喻侃兄弟、清朝名医喻昌等。

喻皓，中国古代有名的建筑工匠，生活在五代末、北宋初。

当年，宋太宗想在京城汴梁（今河南省开封市）建造一座大型宝塔，从全国各地抽调了一批名工巧匠和擅长建筑艺术的画家到汴梁进行设计和施工。喻皓也在其中，并且受命主持这项工程。为了建好宝塔，他事先造了个宝塔模型，塔身是八角十三层，各层截面积由下到上逐渐缩小。当时有一位名叫郭忠恕的画家提出，这个模型逐层收缩的比率不大妥当。喻皓很重视郭忠恕的意见，对模型的尺寸进行了认真研究和修改，才破土动工。在广大劳动工匠的辛勤努力下，终于建成了雄伟壮丽的八角十三层琉璃宝塔，这就是有名的开宝寺木塔。塔高三百六十尺（宋朝一尺大约合 30.72 厘米），是当地几座塔中最高的一座，也是当时最精巧的一座建筑物。可是塔建成以后，人们发现塔身微微向西北方向倾斜，感到奇怪，便去询问喻皓是怎么回事。喻皓向大家解释说：“京师地平无山，又多刮西北风，使塔身稍向西北倾斜，为的是抵抗风力，估计不到一百年就能被风吹正。”原来这是喻皓特意这样做的。可见喻皓在搞设计的时候，不仅考虑到了工程本身的技术问题，而且还注意到周围环境以及气候对建筑物的影响。对于高层木结构的设计来说，风力是一项不可忽视的荷载因素。在当时条件下，喻皓能够做出这样细致周密的设计，是一个很了不起的创造。可惜的是，这样一座建筑艺术的精品，在宋仁宗庆历年间（公元 1041~1048 年）的一次火灾中被烧毁了，没有能够保存下来。

【第十三种：以数量词、排行次序、齿序排行及天干地支为姓氏】

太叔以先祖排行称谓为氏，仲孙氏以齿序排行为氏，是一个古老的汉族姓氏。

在百家姓中，源于此种得姓方式的姓氏有：第五、任。

dì	wǔ
第	五

西汉时，有第一、第二、第三，至第八共八个复姓，皆出自原齐国田氏。但只有第五姓最有名，现代也只剩第五姓，是极为稀有之姓氏。

得姓　源于妫姓，出自汉高祖刘邦强迁原战国时期齐国的田氏公族时封的编序，也属于帝王赐姓改姓为氏，是单一渊源。

郡望　陇西郡、东郡。

堂号　陇西堂、东郡堂。

汉高祖刘邦建立汉朝后，为了消灭各地豪强的残余势力，曾经把战国时的齐、楚、燕、韩、赵、魏六国国王的后裔和豪族名门共十万多人都迁徙到关中房陵（今湖北房县）一带定居。在迁徙原齐国田姓贵族时，因族大人众，故改变了原来的姓氏，以次第相区别，分列为第一氏到第八氏。首迁者往第一门，为第一氏；田广之孙田登迁往第二门，为第二氏；田广之孙田癸为第三氏，以此类推，田广的田英最后迁徙，住在第八门，为第八氏。第五氏就是其中的一支。这一支后来出了不少名人，所以作为显姓收到《续百家姓》中。

第五氏是古老的汉族姓氏，望出陇西郡、东郡。东汉时期，关中地区田氏后裔主要有两支，第五姓和法姓。第五氏家族是一个绵延长达800余年甚至更为悠久的著名家族。

作为复姓，第五氏族人主要聚居在陕西省咸阳市的魏落村和口五村，这两个村子除了个别的杂姓外，基本都复姓第五，但总人口不多。

第五伦，东汉司空。他耿直公正，建武年间举孝廉，任会稽太守，以清节著称。在朝中做官的第五伦一心奉公，始终保持清廉。少年时的第五伦耿介而好义气。新莽末年，盗贼四起，宗族乡亲争着依附第五伦。第五伦于是在险要之处修筑堡垒，贼人来后，他便率众引弓持矛坚守自卫，先后有铜马、赤眉的军兵数十部围攻他们，都无法攻克。后来第五伦以营垒首领去见郡长官鲜于褒，鲜于褒见到他后，很欣赏他的才干，征为自己的属吏。之后鲜于褒因过失降职为高唐县令，临行时，握着第五伦的手告别说：“只恨与你相知太晚。”

rén

任

得姓　源于天干第九位“壬”，属于以天干地支为姓氏。
郡望　乐安郡、东安郡。
堂号　水薤（xiè）堂、九真、玉知、叙伦、吏部等。

任氏始祖，据考证是黄帝的小儿子禹阳，被封在任国，其后裔以国为氏，称任姓。到了夏朝中期，有任奚仲为车正，后被封于薛、邳等地，他的后代中有个叫仲虺的人住在薛地，后来成为商汤的左相。任奚仲、任仲虺的后裔子孙，以先祖受赐之姓世代相传，就称为任姓，是非常古早的姓氏之一。

任姓以汉族为主，其中的历史名人有孔子七十二贤弟子之一的任不齐、东汉名吏任延、西汉开国名臣任敖、东汉云台二十八将之一的任光、东汉著名学者任棠、南朝梁著名文学家任昉、明代著名抗倭将领任环、清经学家任大椿等。

东汉初年有个接替大将班超镇守西域的，叫任尚。当时，西北边土不安，因为北单于想当皇帝，故而烧杀抢掠，残害百姓，无恶不作。任尚越过了阿尔泰山，和叛军进行了一场血战，直杀得天昏地暗，血流成河，北单于被迫往天山逃跑。任尚骑着战马穷追猛打，以铁骑对铁骑。任尚虽为将军，却身先士卒，冲到前面，直越过东天山，平定了乱军。

【第十四种：少数民族汉化而改姓氏】

花（音讹改姓为氏，汉化改姓为氏）、松、慕、茹（极罕见的姓氏）、诸葛（音讹改姓为氏）、赫连、单于、申屠（音讹改姓为氏）、长孙、仉、拓拔、夹谷、赏、哈等姓，都属于少数民族汉化而改姓。

在百家姓中，源于此种得姓方式的姓氏还有：元。

yuán

元

得姓　源于鲜卑族及其他少数民族，属于汉化改姓为氏。

郡望　河南郡和雁门郡。

堂号　河南堂。

在殷商王朝末期，商帝乙废弃长子，立二子受辛为君。当时，商太史元铣曾据法力争，然而帝乙固执己见，仍立受辛为太子。受辛就是后来著名的商纣王。那位反对帝乙把帝位传给纣王的殷朝太史元铣，就是元氏最早的始祖之一。

元稹、元好问都是元姓后人中的佼佼者，他们的诗名才赋令后人赞叹。此外，元姓人中也有“宁为玉碎，不为瓦全”的大义之士，如元景皓。

公元550年，高洋废掉了东魏皇帝，建立了齐朝，史称北齐。在原来的东魏政权中，元氏贵族势力庞大。高洋夺权后，为了巩固他的统治，就尽力削减和限制元氏贵族的势力，这样也加深了与元氏贵族的矛盾。有一次，高洋要到晋阳巡行，担心元氏贵族趁机谋反，就对元氏贵族大加杀害。当时的定襄县令叫元景安，他为了逃避被杀的厄运，想改成高姓。他的堂兄元景皓听说后，怒斥元景安：“为了保全自己，竟抛弃祖宗，换成别人的姓，太可耻了！大丈夫宁为玉碎，不为瓦全！”贪生怕死、一心保命保官的元景安竟把堂兄的话告诉了高洋。高洋对元氏贵族本来就怀有戒心，听到这事，更是火冒三丈，立刻下令杀了元景皓。后来人们常用“宁为玉碎，不为瓦全”比喻宁愿为正义而死，不愿苟且偷生。

【第十五种：那些奇怪有趣的姓氏】

【来源奇特有趣的姓氏】

在百家姓中，有些姓氏的来源比较奇特有趣，比如钭（dǒu，为极罕见姓氏），以青铜酒器钭为姓；东方，以自然现象为氏；东门，以祖号为氏；复姓中的鲜于，是以国名、封邑名合并为氏；而夏侯则以国名、官职为氏。因篇幅所限，仅供读者了解，就不再详细介绍。

【容易读错的姓氏】

由于汉字有许多多音字及古音有变等，所以一些姓氏很容易被读错。以下列举一些：

区：音为 ōu（欧），常有人读为“区”（qū）。

黑：音为 hè（贺），常有人误读为“黑”（hēi）。

盖：音为 gě（葛），常有人读为“盖”（gài）。

查：本是检查、考查的意思，念 chá，但作为姓氏要念 zhā，著名武侠小说家金庸先生的本名便是查良镛。

教　指传授、教授之意时念 jiāo，但作为姓氏时要念 jiào。

任　本是信任、担任、任何之意，念rèn。作为姓氏时念rén，名人有老一辈革命家任弼时同志。

曾　指曾经、未曾之意时念céng，但作为姓氏时要念zēng。名人有“唐宋八大家”之一的曾巩、清代名臣曾国藩。

缪　本是修缮的意思，如用在“未雨绸缪”时念móu，但作为姓氏时念miào。

晟　本是光明之意，念shèng，如广东省有大型企业广晟集团。但作为姓氏时念chéng。

单　本是不复杂、独一的意思，念dān，但是作为姓氏时念shàn，名人有隋朝名将单雄信。

乐　是一个多音字，念lè或者yuè，作为姓氏时念yuè，名人有战国后期著名军事家乐毅。

员　又写成“貟”，本意是成员，读yuán，但作为姓氏时念yùn。

仇　读作qiú（仇读作chóu时为“讎”的简体字，与读作qiú时不同字）。

华　指美丽有光彩之意时念huá，作姓氏时应读作huà，名人有华佗。

尉迟　其中的尉应读作yù。

【中国人的三小姓】

人数多在千人左右——
倒数第一：难（nìng）
倒数第二：死（sì）
倒数第三：山（yà）

nìng
难

得姓　难姓源于鲜卑族，出自古鲜卑族吐难氏部族，属于以部族名称为氏，是单一渊源。
郡望　河南郡。
堂号　河南堂。

南北朝时期，北魏王朝中有鲜卑族吐难氏，亦称土难氏，为鲜卑拓跋部中的一个小部落。古鲜卑语“吐难”，是古人对一种禽类动物的称呼，有考证其即为今天的鸵鸟。由于古鲜卑族该部族人崇尚该鸟，便把部族名称起为“吐难”，将该鸟作为自己部族的图腾，后成为姓氏，简笔为“吐难”或“土难”。北魏政权入主中原并迁都洛阳后，在北魏孝文帝拓跋宏（元宏）的汉化改革政策实施中，吐难氏部族民众分改为汉字单姓难氏、山氏。

sì

死

得姓　死姓源于鲜卑族，出自南北朝时期鲜卑拓跋部氏部族，属于以部族名称汉化为氏，属于单一渊源。

郡望　有平城郡、代北郡、洛阳府。

堂号　平城堂、代北堂、洛阳堂，均以望立堂。

南北朝时期，鲜卑拓跋部中有㱙氏、自、独、膊四个氏族部落，其部族以部落名称为姓氏，后汉化分别称自氏、独氏、膊氏，并世代沿传至今。在古代，“㱙”字就是死的古体字，因此，㱙就是死氏。在北魏孝文帝拓跋宏(元宏)迁都洛阳(今河南洛阳)入主中原之后，死氏与大多数鲜卑民族一样，皆逐渐融入汉族。

死氏是一个非常古老的鲜卑族姓氏，隋、唐时期即已经汉化，族人皆融入汉族，但人口数量非常稀少。隋、唐以后，有死氏族人嫌其姓氏用字不雅，遂改为谐音的思氏、肆氏、㱙氏、三氏等，但原本的死氏仍世代相传至今。其后，肆氏、㱙氏、三氏皆简化为四氏，世代沿传至今。

“死”姓主要分布于中国西北部，截至 2013 年人数呈减少趋势。

yà

山

这个姓在这里读亚（yà），是在安徽省郭阳县和辽宁省彰武县偶然发现的，只有两千多人。这个姓氏的来源是当年岳飞遭秦桧的迫害，其后代为躲避追杀，就改姓山。

【中国十大怪姓】

pí

皮

得姓　源于姬姓，出自春秋时期周卿士樊仲皮，属于以先祖名字为氏。

郡望　天水郡和下邳郡。

堂号　天水堂、下邳堂、鹿门堂、桂林堂等。

西周初期的仲山甫是鲁献公的第二个儿子，后来因功被周天子封在樊国，爵位为侯，在当时的诸侯之间，地位十分崇高和尊贵。他的后代子孙，后来也按照当时的习俗，纷纷以国为氏，就开始有了“樊”这个姓氏。他的后裔樊仲皮，曾承袭祖职，担任过周王室的卿士。由于他在当时樊氏家族中排行老二，不能成为樊国的继承人，因此被分封在今山西省的河津市一带，后人就以他名字的末字来号称其地为“皮氏邑”。樊仲皮的后裔子孙中，有以先祖封邑名称或先祖之字为姓氏者，称皮氏，为该支皮氏一族的最初之源。该支皮氏后来在天水郡（今甘肃天水、榆中一带）发展为望族，并融合了许多北方游牧民族，是为运城皮氏。

皮日休，少年时期就很聪明能干，在诗、文、辞、赋等领域均有建树，著有《文薮》十卷，《皮子》三卷，人们争相传颂，在二十多岁时便已出名。初次到官场中，礼部侍郎郑愚因为皮日休长相难看，就半开玩笑半当真地对他说道：“您的才学可谓才高八斗，学富五车；只是您仅有一只眼睛，那真是太可惜了呀！”皮日休对郑愚的玩笑很是反感，当即便反唇相讥道：“侍郎大人可千万不能因为我这一只眼睛，而使您原本长有两只眼睛的人也丧失了眼力啊！”这话大大地刺痛了郑的自尊心，把皮日休从较高的中第位置拉到了最后一名。

lì 厉

得姓　源于西周，属于以谥号为姓。

郡望　范阳郡、南阳郡。

堂号　半树堂、佛子堂、南阳堂等。

周宣王姬静执政时期，齐国君主齐厉公姜无忌，昏愦（kuì）暴虐，时常滥杀无辜，齐国上下人等皆痛恨之，于是在周宣王二十六年（公元前 804 年），众大夫联络胡公姜静之子杀死了齐厉公。

在那场动乱中，胡公姜静之子亦皆战死，齐国人遂拥立齐厉公之子姜赤即位，是为齐文公。齐文公一上台，便把参与弑杀齐厉公的七十余名大小大夫全部处死。

齐厉公被杀后，周宣王赐其谥号为“厉”，以贬戒其政，史称齐厉公。在齐厉公的嫡、庶子孙中，皆有以先祖谥号为姓氏者，称厉氏，世代相传至今，史称厉氏正宗。

厉文才是贞观元年（627 年）进士，是东阳乃至旧金华府所属最早中进士的人。康熙《新修东阳县志》载：“按贞观元年，进士只四人，盖亦难矣。”

厉文才及第后任道州刺史。当时唐朝建国时间不长，边疆地区还没有大肆整治，南方一带的土寇十分猖獗，尤其以荔浦一地的土寇最为嚣张。厉文才临郡征讨，几个月内就将群盗全都摆平。贞观二年厉文才统领岭南五管之政。任职容州期间，他以清正廉洁深得地方士民爱戴。厉文才治军严整，南疆多有象牙、犀角、珍珠、玳瑁等珍宝，军中将士不贪一毫。

厉文才不恋高官厚禄，视权贵如浮云，辞官回归故里后，在禹山北麓兴修水利，建造灌渠万余丈，修渠引水，灌田千顷，造福于民。后来人们为纪念厉文才的功德，得其所修水利设施称为都督堰。都督堰的渠水潺潺奔流，使八面山西南的大片田地远离干旱威胁，对南江流域八面山一带的经济发展及人文蔚兴影响深远。

kǎ或qiǎ 卡

卡姓读 kǎ，其源未详，属于罕见姓氏，汉、东乡、藏等民族均有此姓。广东高要，山西太原、大同、运城、洪洞，陕西韩城，甘肃酒泉、临夏，浙江义乌、萧山，贵州赤水，河南汝阳，河北大城，新疆布尔津、塔城，台湾等地均有卡姓分布。

卡姓读 qiǎ，其源亦未详，属于罕见姓氏。《山西人口姓氏大全》、《中国姓氏大全》中有收载。新疆布尔津、山西临汾、四川成都等地都有卡姓分布。

该姓数量占全中国汉族人口的0.0025%，大约是3000000人。

shǐ 史

得姓 源于妫姓，出自黄帝时创造文字的史皇氏仓颉，属于以官职为姓。

郡望 健康郡、宣城郡、高密郡、京兆郡。

堂号 高密堂、京兆堂、桂阳堂、建康堂、宣城堂、陈留堂、河南堂、溧阳堂、望立堂、忠烈堂、怀溧堂（江苏溧阳是史氏起源处，因以为堂）等。

史氏以官为姓，先秦列国都有史官，因而在春秋战国时期，史氏就相当广泛地分布于全国各地。相传在上古时候，黄帝属下有一位史官，名叫仓颉，史称“史皇”。仓颉头上长着四只眼睛，模样怪异，举止不同于常人。但是他善于观察事物，天生就能写会画，因而深受人民爱戴。后来，史皇创立了象形文字，结束了远古时期结绳记事、刻痕为史的漫长历史，将人类带入文明。仓颉的后裔子孙们为了纪念先祖为人类做出的卓越贡献，便取他在世时担任的“史官”官职称谓作为姓氏，称史氏，世代相传至今，是非常古老的姓氏之一。史氏族人大多尊奉史皇仓颉为得姓始祖。

史可法是一位抗清至死的民族英雄。公元1645年，清兵在多铎的率领下，分兵亳州、徐州两路，向南推进，势如破竹，迅速占领了徐州、亳州、盱眙，并乘势下淮安，夺泗州，渡淮河。4月19日，明将许定国引多铎师至扬州，扬州被清水陆各军重围。守将史可法统率军民，坚守孤城，同时，向弘光皇帝求援，弘光不应，扬州告急。4月21日，明总兵、监军副使拔营出降，形势更为危急。史可法等坚守至4月25日，终因弹尽粮绝，被清兵攻破。史可法自刎不果而被俘。在多铎百般的诱降前，史可法斩钉截铁地说道：“城存与存，城亡与亡。我头可断，而志不可屈。”结果惨遭杀害。史可法的部下在这种情形下，仍率余部继续鏖战，直至流尽最后一滴血。清军占领扬州后，纵兵屠掠，十日封刀，史称“扬州十日”。

ruì 芮

得姓　起源于商王朝时期芮荔国，属于以国名为氏。

郡望　平原郡和扶风郡。

堂号　桑柔堂。

芮姓出自姬姓。当年周文王手下有个卿士叫良夫，周文王未及出师便死去，其子周武王打败殷商，建立了周朝，良夫被周武王封于芮邑。关于芮邑的所在地，一直以来就有不同说法，有说在今山西省芮城县，有说在今陕西省朝邑县南方，但不能算是诸侯国。到周成王时芮邑正式改为诸侯国，称良夫为“芮伯”，曾在周王室担任司徒的职务，子孙世袭周朝卿士。春秋时期，芮国被晋国所灭。亡国后，芮国君主宗室以国号为氏。

历史上芮姓的主要聚居地在陕西的咸阳和山东的平原县。今天，芮姓人数量虽少，但从南到北，随处可见。

xiàng

项

得姓　出自姬姓，周朝时有项国，属于以国名为姓。

郡望　辽西郡。

堂号　圣师堂、崇报堂、清雅堂、四留堂、汝南堂、成德堂、培桂堂等。

项姓源于芈姓。春秋时楚国的公子燕，本是王族的后裔，因功被封于项地，并以封地的名为国名，建立了项国。公元前647年，项国被齐桓公所灭，从此以后，居住在项国的人就以国为氏而姓了项。

项氏是一个典型的汉族姓氏，姓氏源头较为单一，主要在黄河流域。

项羽是楚国人，少年习武，能将百斤鼎高举过头。长大后，他跟随叔父参加了推翻秦朝的起义。

有一次，秦军攻下了赵国，赵王逃到巨鹿，急忙派人向楚国求援。

楚王派项羽带领二十万楚军前去救赵。项羽先派英、蒲两位大将率两万人做先锋，然后，自己率主力渡河。渡过了河，项羽命令将士，每人带三天的干粮，把军队里的饭锅全砸了，把渡河的船只也凿沉了。他对将士说：“我们‘破釜沉舟’，有进无退，三天之内，一定要打退秦军！否则只有饿死在这里！”

项羽的决心和勇气，对将士起了很大的鼓舞作用。楚军个个士气振奋，一个人抵十个，十个人抵百个，越战越勇，终于把秦军打得大败而逃。

经过这次战役，项羽名声大震，成了各路反秦军的统帅。

kē

柯

得姓　源流众多，主要起源于姬姓，出自春秋时期吴国公子柯虏，属于以先祖名字为氏。

郡望　济阳郡、钱塘县、齐郡。

堂号　济阳堂、钱塘堂、齐郡堂、异鹊堂。

柯氏始祖仲雍（虞仲）是吴国的第二任君主，为周武王的叔父，与周氏、吴氏、蔡氏等为同一族系，皆出自周族姬姓。周成王会诸侯于柯山，柯相仕周为大夫，同与其会，当时便指山为姓作柯。吴国传至柯相之下第四世孙柯卢，袭封吴伯，为吴王第九世，在位59年。他为了纪念曾祖父柯相会诸侯柯山之盛典，确定本氏家族后裔正式以先祖名字为姓氏，称柯氏，尊柯相为得姓始祖，史称柯氏正宗。

diāo 刁

得姓　源流颇多，主要是源于姬姓，出自周朝时期的诸侯国雕国，属于以国名为氏。

郡望　弘农郡、渤海郡、河西郡。

堂号　藏春堂、弘农堂、渤海堂等。

古雕国，故址在今陕西省延安市一带，在商王朝时期原地多为鬼方民族（鬼方民族即商周时居于我国西北方的少数民族）所居。至商帝武丁（商高宗）执政时期，曾在延安地区发动了大规模的讨伐鬼方民族的战争。周文王时期，亦大举攻伐周边地区，因延安地区盛有鹘雕（鹗鸟），因称为“雕”。周武王灭商纣之后，将兄弟之一封于雕，建有姬姓雕国，其时该地区仍为鬼方民族所占据。后来其子孙就以国名为氏，后简改为刁姓，延续至今。

刁氏是一个典型的多民族、多源流姓氏，如今，分布广泛，尤以贵州、湖南两省为多。

xún 寻

得姓　寻出自姒姓。夏后有斟鄩国，其国民以国为姓，称斟鄩氏，因亡国，便去邑为寻氏。“去邑为寻氏”即表示他们是失去了国家的“寻国人”。从此寻姓便脱颖而出，形成独立姓氏而流传至今。

寻姓最早起源于并州（今太原）。其子孙一支迁往山西荣河，一支迁往山东梁山往县黑户庙乡寻那里村，一支迁往安徽嘉山（明光市）和江苏盱眙

（xū yí）附近，一支迁往江西吉水。此四支为山西、安徽、山东、江西、湖南寻姓祖先。

fán

凡

得姓　出自姬姓，黄帝后裔，属于以国为氏。另有部分樊姓人口因笔误或为求书写简单而改为凡姓等得姓方式。

周王朝初建时，周公旦的儿子被封到“凡”地，建立了凡国，人称凡伯。他的后代就以国名为姓氏。“凡”地就在今河南辉县市西南，即北云门乡凡城村西北，现遗址犹存，但该姓较为少见。河南省项城市凡腰庄人都是凡姓。

凡姓属于罕见姓氏，繁体字是樊，也可是卂。卂、凡、樊这三个字可以通用。

【古怪姓氏】

dōng

东

得姓　姓出自风姓，太昊伏羲之后有改姓东氏。

郡望　平原郡。

堂号　友舜堂、玉林堂。

东姓起源于远古时期，奇姓。在中国分布地域较广但人数不多。

xī

西

得姓　源于古代的西国，或曰西陵古国，属于以国为姓。
郡望　魏郡。

西姓，现代较罕见姓氏。

nán

南

得姓　出自周代南仲之后，属于以祖名为氏。
郡望　汝南郡。
堂号　汝南堂、忠义堂等。

南姓起源较多，很早便分布中原大地及边远地区，以陕西、山西为主要聚居区。汉唐之间，南姓在河南、安徽交界处形成郡姓望族。南姓名人有唐朝将领南霁云、唐朝文学家南巨川、明朝将领南居益、当代国学大师南怀瑾等。

bĕi 北

得姓　源于姜姓，出自地名，属于以居邑名称为氏。
郡望　玄菟郡。
堂号　玄菟堂、辽东堂。

全国的北姓人加起来不足2000人，散居于河北曲阳、山西汾阳、四川德昌、内蒙古包头等地。

柴米油盐酱醋茶

生活用品系列姓氏统计数据：姓氏人数（人）柴 807463 米 380302 油 6651 盐 168 酱少于100人醋 955 茶 13478

chái 柴

得姓　源自姜姓。齐文公子高之后，属于以王父字为氏。
郡望　平阳郡、安阳郡。
堂号　平阳堂、安阳堂、寿圣堂。

柴姓在全国分布较广，尤以河南、山西为多。

mǐ

米

得姓　是一个多源流的姓氏，主要是源于官位，出自两周时期官吏舍人，属于以官职称谓为氏。

郡望　京兆郡、陇西郡、高平郡、辽阳郡、南阳郡。

堂号　陇西堂、京兆堂、高平堂、辽阳堂、南阳堂、鹿门堂、宝晋堂、海岳斋。

米芾，是宋朝著名的书画家，他自称是“先秦楚国的后裔，本姓芈”，即芈芾。实际上，米芾是奚族人（库莫奚族）的汉化后裔，与楚国芈姓毫无干系。米芾曾任校书郎、书画博士、礼部员外郎。他极善诗，工书法，擅篆、隶、楷、行、草等书体，长于临摹古人书法，可达到乱真程度。米芾初师欧阳询、柳公权，字体紧结，笔画挺拔劲健，后转师王羲之、王献之，体势展拓，笔致浑厚爽劲，自谓“刷字”，与苏轼、黄庭坚、蔡襄并称宋代四大书法家。其绘画擅长枯木竹石，尤工水墨山水。他自创以书法中的点入画，用大笔触水墨表现烟云风雨变幻中的江南山水，人称芈氏云山，极其富有创造性。据说，米芾书法、绘画、诗作皆天下一绝，寸墨尺金，但就是总觉得自己的姓氏笔画太多，因此改“芈”姓，以同音字“米”为姓氏。

有如此“懒惰”的先祖，其后代便都欣然接受这个榜样，均以米为姓氏，称米氏，世代相传至今。

yóu 油

油姓的具体起源已经不可考。但据了解，唐代时已有人以油为姓。相传唐朝时期，一位牛姓高官在朝廷上得罪了皇帝，被斩首，而他的子孙为逃脱牢笼之灾，纷纷改姓为“油”。

当代油姓分布于山西、山东、安徽、河北、吉林、黑龙江、陕西、云南、台湾等省，其余省零星分布。民族除汉族外，傈僳等民族也有人以油为姓，人数不超过万人。

yán 盐

盐姓起源之一：春秋时期的赖国，是周武王之弟叔颖所建，为当时的一个侯爵之国。公元前538年，赖国被楚国所灭，赖国子孙逃难受一盐商救济，为感谢他的救助，而开始了盐姓。

起源之二：据史料记载，嬴姓伯益的后裔有个叫子的人，非常善于制盐。于是周孝王便让他负责制盐，结果制盐业得到了很大发展。周孝王就赐他盐姓，后人们以其从事的职业而承袭了盐姓，于是盐姓的家族又多了一支。

有颍川堂、河南堂、松阳堂等堂号。

盐姓是中国人姓氏之一，属于中国极为罕见的姓氏。古时盐姓又可作为地名使用。春秋时盐姓人多聚居在河南的颍川地区，南北朝时，由于长期兵荒马乱，纷纷南渡避乱，落籍于江南一带。当代主要分布于上海、广西灌阳、四川成都和山西太原等地。

jiàng 酱

酱姓是中文姓氏之一，是个非常难找的姓氏，人数不足百人，分布在台、云、贵、川、鄂、豫等省，分属汉、苗、侗、白 4 个民族（2007 年统计）。

cù 醋

得姓　源于姬姓，出自西周时期馈食礼祭司醋人，属于以职业称谓为氏。

郡望　岐阳郡和新郑县。

堂号　新郑堂、岐阳堂。

醋大，在古代指贫寒的读书人，是古时候那些富贾、权贵、世人对贫穷的读书人的蔑称。有终生不得志之文人，以“醋大”谐称自己，称醋大氏，并为其后裔之姓氏，以戒“读书无以为益”，遂成一支醋氏，世代相传至今。

相传源于祖姓的避难改姓。据说清朝的时候，有个姓祖的家族得罪了皇帝，皇帝一怒之下，下令对祖氏家族满门抄斩。其中一个姓祖的人逃到陕西，为了避免被赶尽杀绝，此人便忍辱改姓“醋”，然后一代代传承下来。这样算来，此人应是“醋”姓的鼻祖。

醋姓，是一个多源流的古老姓氏群体，但是却非常稀少，今陕西省、江苏省、山西省、四川省、河南省、重庆市、台湾省等地，均有醋氏族人分布，其中陕西省醋姓人数最多。

chá

茶

得姓　源流众多，源于姜姓，出自上古神农氏炎帝陵寝，属于以居邑名称为氏。

郡望　齐郡、巴郡。

堂号　临淄堂、巴郡堂。

一拾百千万兆

yī

一

一姓自古有之，有的属一那娄氏之后，有的由乙姓等演化而来，是笔画最少的姓氏。

得姓　源于子姓，出自商王朝的汤，属于以先祖名字为氏，此外也有以部族名称汉化改姓为氏、帝王赐姓后改姓为氏及汉化改姓为氏等得姓方式。

在古代，“弌”就是“一”的古体汉字，因此，后有弌氏、乙氏族人干脆简笔为一氏，皆融入汉族，世代相传至今。

郡望　谯国郡、东阳郡、襄阳郡、河南郡、黎阳郡、平阳郡。

堂号　谯国堂、东阳堂、襄阳堂、平原堂、河南堂、黎阳堂、平阳堂。

shí 拾

拾姓本源石姓，明太祖朱元璋赐姓。

拾姓后人世居江苏徐州拾屯至今。内地、台湾、香港等处，凡“拾”姓，均出于此。

bǎi 百

得姓 源于栢皇氏，出自远古帝王栢皇氏，属于以先祖称号为氏。

郡望 南阳郡、新蔡郡、京兆。

堂号 南阳堂、新蔡堂、京兆堂。

qiān

千

得姓　源于姬姓，出自春秋时期鲁国闵损，属于以先祖名字简改为氏。

郡望　鲁郡、蜀郡、颍阳郡。

堂号　鲁郡堂、陇西堂、蜀郡堂、颍阳堂。

春秋末期鲁国闵损、字子骞，是孔子的弟子，德行很高，为孔门七十二贤士之一。闵损年少时，亲母早逝。后母对他很不好，冬天只让他穿很薄的衣服，衣服里填充的不是棉花，而是芦花，却让她的两个亲生儿子穿厚软暖和的棉袄。闵损的父亲知道后，十分生气地要赶走后妻。但闵损却对父亲说："母在，一子寒，母去三子单。"阻止父亲驱赶后母。其后母得知后，很受感动，悔改了自己的行为。后来，世人奉闵损为骞王，其孙子就以祖父的字为姓氏，称骞氏。后简改为千氏并沿用至今。

wàn

万

得姓　源于姬姓，出自周王朝芮伯的后裔芮伯万，属于以先祖名字为氏。

郡望　扶风郡、河南郡、槐里县。

堂号　扶风堂、河南堂、槐里堂、隰（xí）西堂。

据史籍记载，周成王敕封同族人姬良夫于芮地（今陕西大荔朝邑城一带），史称芮伯，建有芮国，为姬姓诸侯小国。春秋时期，芮国传至芮伯万，他曾一度官至周王朝的大司徒。但后来由于芮伯万的宠姬太多了，闹得内宫不安，其母亲芮姜一怒之下将芮伯万赶出国去，住到魏城（今山西芮城）。其子孙有以万为氏者，称万姓。

万氏是一个多民族、多源流的古老姓氏，属于大姓系列，唐代以后，史载万氏名人比比皆是，且多出南方。明、清时期，是历史上万氏族人最盛阶段。

万章，孟子高足，一生追随孟子，为孟子所喜爱。万章是最早扬名于历史的万姓先人。孟子晚年，经常同万章等弟子谈论经书，并和万章等弟子一起著《孟子》一书。《孟子》七篇中有“万章章句”十八章，万章名字出现22次之多。

zhào

兆

得姓　源于羯胡族，出自南北朝时期古羯族契胡部首领尔朱兆，属于以先祖名字为氏。古代，民众无姓，皆以兆民称之，后逐渐成为这个人群的姓氏，称兆氏，世代相传至今，是非常古老的姓氏之一。

尔朱兆是羯族一支契胡族的酋首，朔州人（今山西朔县），北魏末期大都督尔朱荣之侄，是北魏王朝的掘墓人。南北朝时期，尔朱兆为西河郡领民都督，后在与北齐政权的争战中失利，被逼自缢。其子遂率众归附于北齐高祖神武皇帝高欢，授拜为镇西将军、营州刺史。公元550年，尔朱兆之子被晋封为汉中郡公，后战殁于陕西关中。其后代子孙有继延尔朱氏者，后在汉化进程中皆改为朱氏;亦有裔孙取先祖名字“兆”为姓氏者，称兆氏，融入汉族，世代相传至今，史称兆氏正宗。

拼音索引

本书资料参考

网络资料：

百度百科：百家姓姓氏的资料

维基百科：百家姓姓氏的资料

互动百科：百家姓姓氏的资料

三联：http://www.3lian.com/zl/114/09/0901/

360 个人图书馆：http://www.360doc.com/contet/13/0116/16/686678_260541005.shtml

《百家姓探源》作者：张海彤，首都师范大学出版社 1996 年

《中国姓氏大全》作者：陈明远、汪宗虎，北京出版社 1987 年

图书在版编目(CIP)数据

百家姓 / 张海彤　王宇红主编；姚刚绘 --桂林：漓江出版社，2016.10
（以史为鉴）
ISBN 978-7-5407-7943-6
Ⅰ.①百… Ⅱ.①张… ②王… ③姚… Ⅲ.①古汉语－启蒙读物 Ⅳ.①H194.1
中国版本图书馆CIP数据核字（2016）第250641号

百家姓

主编：张海彤　王宇红
策划统筹：符红霞
责任编辑：谷　磊　王成成
内文设计：黄　菲
责任监印：周　萍

出 版 人：刘迪才
出版发行：漓江出版社
社　　址：广西桂林市南环路22号
邮　　编：541002
发行电话：0773-2583322　　010-85891026
传　　真：0773-2582200　　010-85892186
邮购热线：0773-2583322
电子信箱：ljcbs@163.com　http://www.Lijiangbook.com
印　　制：北京大运河印刷有限责任公司
开　　本：889×1230　1/16　印张：14.75　字数：120千字
版　　次：2016年11月第1版　印次：2016年11月第1次印刷
书　　号：ISBN 978-7-5407-7943-6
定　　价：35.00元